PROF

DROP

GW01319389

Come costruire il tuo impero con l' e-commerce

VALORI LUCA

ACADEMY

Sommario

Mindset

Cervello e mente

In queste prima pagine del nostro corso parleremo di una cosa che considero fondamentale: il mindset.

Senza questo modulo di lezioni, tutto quello che vi verrà insegnato non sarà mai performante al 100%. È un modulo molto importante, che ha cambiato totalmente il modo di agire mio e di moltissimi miei studenti ed ha stravolto totalmente i nostri risultati.

Tenete quindi conto che al di là delle tecniche specifiche finalizzate alla vendita, tutti i miei risultati e i risultati dei miei studenti dipendono almeno al 90% dal mindset.

Questo accade perché, al di là della parte tecnica, che ovviamente andremo a vedere in toto (e che sarà il fulcro del nostro corso), questo modulo che riguarda il mindset è forse uno dei più importanti. Senza avere l'assetto mentale giusto, nella maggioranza dei casi le persone tendono a fallire.

Potreste avere tutta la teoria e tutta la pratica che vorreste, ma alla fine partirà sempre e comunque tutto dalla vostra testa. E, anche nel mio caso, i grossi risultati che ho ottenuto nell'arco del tempo e soprattutto nell'arco di questi anni, sono stati indotti da questo processo di cambiamento mentale.

E dunque...

Come funziona la mente? Cosa ci aiuta ad ottenere il successo? Come possiamo auto-manipolarci per attrarre denaro? Perché i nostri risultati sono diversi da quello che inizialmente pensiamo? Come attrarre ricchezza? Come diventare dei soldati dei nostri business?

Ora andremo a vedere come funziona la nostra mente e come riprogrammarla totalmente.

È una cosa importante soprattutto per quanto

riguarda i business digitali, ma lavorare online o offline è praticamente la stessa cosa. Attraverso il mindset possiamo cambiare molti, anzi la maggior parte dei nostri risultati. Questo semplicemente attraverso l'auto-manipolazione e altre cose che andremo a vedere sempre in questo stesso modulo.

La mente ragazzi non è il cervello. Il cervello non pensa. Siamo noi che pensiamo con il cervello. Molte persone non sanno assolutamente dove sia la mente. Se pensate alla vostra mente, nella maggioranza dei casi vi viene in mente il cervello…ma il cervello non è la mente!

E questa cosa, a noi, provoca del disagio.

Perché? Perché noi pensiamo tramite immagini. Se io ti chiedo, in auto, con quale piede usi la frizione, in questo momento ti stai immaginando dentro la tua auto mentre guidi. Non riesci a rispondermi a memoria, devi proprio vederti dentro la tua auto e nel 90% dei casi stai anche muovendo la mano per cambiare marcia. Potrei farvi infiniti esempi: accade praticamente sempre. Noi pensiamo sempre in immagini e non in parole.

Se vi dico "pensate al vostro frigorifero, ditemi dov'è posizionato" voi non pensate alla parola frigorifero, ma vi immaginerete dentro la cucina davanti al vostro frigo prima di riuscire a fornire una risposta corretta.

Se io vi chiedessi dove tenete il vostro spazzolino, dove si trovano il vostro dentifricio, asciugamano e bagnoschiuma, automaticamente vi ritrovereste catapultati nel vostro bagno. Non riuscireste a rispondermi senza essere visivamente dentro di esso. Attualmente queste immagini si trovano nella mente conscia ma la mente conscia non si sa ancora dove sia. Ora che abbiamo capito che pensiamo in immagini, se vi dicessi "pensate alla vostra mente", sicuramente pensereste al cervello, ma abbiamo detto che la mente non è il cervello. Vi ritrovereste, cosa che sta succedendo, in totale confusione.

Perché se non avete un'immagine chiara di cosa state studiando o di cosa state facendo, vi trovate in una situazione di disconforto.

Questo avviene spesso, soprattutto nel business online. Quando le persone non hanno un'immagine in testa, una "visione", relativa a cosa vorrebbero realizzare, in automatico non avranno neanche ben chiaro cosa poi nell'atto pratico si andrà a fare. Non avere una visione crea un senso di confusione all'interno della nostra mente. E questo è un bel casino. Senza sapere dove sono i nostri paradigmi non possiamo sapere come riprogrammarli. Che è l'obiettivo di questo modulo.

Ma ora vi mostrerò esattamente com'è fatta la nostra mente. Di seguito, uno schema che ci spiega come funziona:

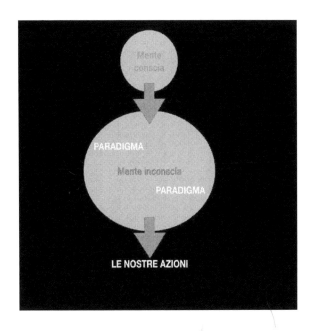

Con la mente conscia noi pensiamo e ci sforziamo di pensare. Quando pensate "devo fare soldi online, ci devo riuscire, devo mettermi assolutamente sotto", state pensando attraverso la mente conscia, che non determinerà in alcun modo il vostro risultato. Quando pensate "devo sforzarmi a fare questo", è sempre la vostra mente conscia a parlare.

Dalla vostra mente conscia ogni pensiero deve

passare alla mente inconscia, che è invece ricca di paradigmi e preconcetti, quasi sempre totalmente negativi. Questi paradigmi sono importantissimi, perché filtrano i pensieri della mente conscia inibendoli (o potenziandoli, quando sono paradigmi positivi) e determinando le nostre azioni.

Quindi cosa accade? Vediamolo insieme:

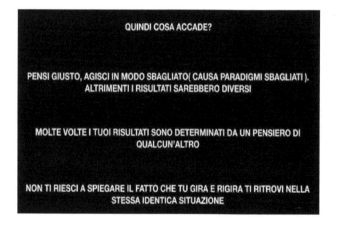

QUINDI COSA ACCADE?

PENSI GIUSTO, AGISCI IN MODO SBAGLIATO(CAUSA PARADIGMI SBAGLIATI). ALTRIMENTI I RISULTATI SAREBBERO DIVERSI

MOLTE VOLTE I TUOI RISULTATI SONO DETERMINATI DA UN PENSIERO DI QUALCUN'ALTRO

NON TI RIESCI A SPIEGARE IL FATTO CHE TU GIRA E RIGIRA TI RITROVI NELLA STESSA IDENTICA SITUAZIONE

🔲 Se ci pensate, se i risultati fossero determinati dal vostro pensiero sarebbero totalmente diversi.

- Non riusciamo a spiegarci il fatto che, anche pensando correttamente, studiando e applicando, per giorni e giorni, dopo un tot di tempo ci ritroviamo sempre nella stessa identica situazione.

Se accade questo e ogni strada sembra portarci al fallimento, cosa dobbiamo fare?

Bisogna riprogrammare i paradigmi, vi spiegherò come farlo.

Come? Con la ripetizione.

Mindset sbagliato

C'è un buon 99% di probabilità che il vostro mindset sia totalmente sbagliato.

Avrete paradigmi totalmente sbagliati sul denaro che non vi guidano alla ricchezza.

Paradigmi sbagliati che non vi fanno sostenere le pressioni esterne.

Paradigmi sbagliati sulla crescita e sul successo.

Ed è su questo che vorrei soffermarmi un attimo. Molti di voi potrebbero anche pensare "No, ma io sono apposto, mentalmente ci sono e riesco ad ottenere ciò che voglio".

Tuttavia, se i vostri risultati non sono all'altezza dei vostri pensieri e desideri, allora, ragionateci, vuol dire che non siete assolutamente sulla retta via.

Avete dei paradigmi che nella maggioranza dei

casi sono sbagliati, fanno parte della vostra mente inconscia e vanno riprogrammati.

Questo è un punto cruciale: bisogna essere coscienti della situazione per poter agire di conseguenza e produrre un cambiamento positivo.

I vostri paradigmi errati devono essere totalmente riprogrammati, perché è vero: non si possono cancellare. Ma possono essere sostituiti.

Ora...i paradigmi sono parte della nostra mente inconscia, ed è ovvio che proprio per questa ragione è impossibile cambiarli dall'oggi al domani.

Serve un processo fatto soprattutto di ripetizioni. Una cosa molto importante è rendersene conto e di conseguenza fare pratica.

Molti di voi (o meglio...la mente conscia di molti di voi) sono convinti che sia tutto ok e che i loro risultati siano determinati esclusivamente da fattori esterni. Non è così.

Se acquistate un computer, questo inizialmente è vuoto. Successivamente voi iniziate ad installarci sopra dei programmi. Programmi che sono assolutamente corretti alla base, perché il programmatore li ha programmati per compiere una determinata azione e di conseguenza ottenere un determinato risultato. Eppure installate il programma e nel corso del tempo possono esserci dei virus (quindi un qualcosa che arriva dall'esterno) che intaccano il percorso, alterando il processo che quel programma normalmente farebbe per compiere quella determinata azione.

Ma quel programma, automaticamente, tenterà sempre di deviare per mezzo di percorsi alternativi sulla giusta direzione, al fine di ottenere l'azione prestabilita dal programmatore.

Noi non funzioniamo così.

Perché non siamo macchine e, nella maggior parte dei casi, abbiamo fonti esterne che ci guidano verso rotte sbagliate. Questo perché siamo delle persone che vogliono ottenere dei risultati che la maggior parte della gente non ottiene (e sono certo che sia così se state seguendo questo corso e siete qui oggi).

Ma come capire se i nostri paradigmi sono corretti? Analizzando con oggettività i nostri risultati.

Facciamo pratica

Incominciamo a fare un po' di pratica
guardando lo schema qui sotto:

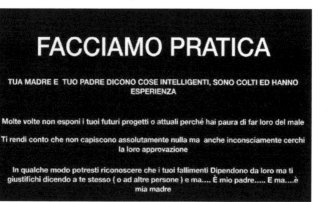

Sicuramente tutti voi vi sarete ritrovati almeno
una volta in una situazione simile.

Probabilmente quello di "tuo padre e tua madre
dicono cose intelligenti, sono colti ed hanno
esperienza", è un paradigma innato che
ognuno di noi possiede, pre-installato nella
mente a livello inconscio.
Pur riconoscendo le lacune di mamma o papà,
tendiamo a giustificarli e farci portare da loro

sulla strada del fallimento.

L'unico motivo per il quale accade questo è perché abbiamo frequentato a lungo i nostri genitori. Molte volte i genitori hanno paura per i figli e temono che aprendosi a una nuova attività si possano "far male". Tutto questo porta a un susseguirsi di situazioni in loop. Come un cane che si morde la coda. È una cosa del tutto naturale, che i genitori fanno a fin di bene. I vostri genitori vanno avanti sulla base dei consigli che sono stati dati loro da giovani e, di conseguenza, cercano di replicare il processo. Il che è ottimo soltanto in un caso: ovvero quando loro stessi hanno ottenuto successo da progetti simili a quelli di voi figli, in passato. Ma il 99% delle volte non è così.

Sono vissuti in un'altra epoca e un tempo l'influenza dei genitori sulle scelte dei figli era di gran lunga maggiore.

All'epoca dei nostri genitori era molto più grave fare un torto a un genitore o non inseguire un suo sogno. Fino a qualche decade fa, non andare all'università, se questi era stata pagata da un genitore, faceva sentire i figli a disagio. Ma oggi non è più così.

Il mondo è pieno di opportunità e i paradigmi che limitano il vostro presente vanno trattati e modificati il prima possibile, perché potrebbero essere la causa del vostro insuccesso.

Ovviamente tutto ciò che i genitori fanno, lo fanno a fin di bene. Ma i genitori non sono perfetti. Sono "la gente", esattamente come tutte le altre persone. È il momento di tagliare il cordone: potete voler loro bene anche senza stimarli, non c'è nulla di male. Anche se sono i vostri genitori, fanno comunque parte della "gente", sono persone normali. Potete volergli bene anche senza condividerli, seguirli o avere paura del loro giudizio.

Se avete genitori che invece hanno successo in una nicchia di vostro interesse il discorso cambia, lì sì che è consigliabile seguirli e farsi contagiare in modo positivo.

Come vi suggerisco di agire?

Io sono andato via di casa da molto giovane. A 16/17 anni vivevo già da solo.

Penso che le nuove generazioni viaggiano ad altre velocità. I nostri genitori sono rimasti fermi a quando loro stessi avevano 20/30 anni, in quella che era tutta un'altra epoca.

Nella maggioranza dei casi non potrete condividere con loro assolutamente nulla di quello che state studiando e apprendendo. E se otterrete grossi risultati, come accade alla maggior parte dei miei studenti, non potrete condividere neanche quelli, perché non capirebbero.

I vostri genitori rimarranno così a vita, salvo inaspettate riprogrammazioni della loro mente inconscia.

Voi, che non avete la stessa età dei vostri

genitori, immaginate, ora, quanta fatica dovrebbe fare un genitore a riprogrammare la propria mente perché ha, magari, dei paradigmi errati che sono maturati dentro di lui nel corso del tempo. Voi avete un'età diversa e siete in tempo per riprogrammarvi il prima possibile per riprendere la situazione in mano. Ma per loro sarà molto più difficile, lo dico per esperienza personale.

Smettetela di esporre i vostri progetti, è inutile. Ho dato i dati di accesso di questo e un altro mio corso a mia madre, le ho ripetuto al telefono dettagliatamente come stessi guadagnando. Cose che per me sono banali: e-commerce, social media marketing e tutte le attività che ho svolto in passato. Ma lei, consciamente e inconsciamente, tutt'oggi non ha la più pallida idea di come io riesca a generare così tanti soldi online.

Inconsciamente, pensa tutt'ora che io possa fare delle cose illecite, spacciare online o svolgere altre attività losche. Non si capacita del fatto che io possa fare soldi in maniera legale, fatturando, nemmeno se le faccio vedere le fatture.

Questo perché lei ha avuto tutta una vita per far maturare in sé dei paradigmi errati.

Sì, è contenta per me, guadagno tanto, si è convinta finalmente che tutto quello che faccio è legale, ok.
Ma non riesce a capire nel concreto cosa io faccia.

Perché ha tutti questi paradigmi maturati nel tempo. Perché quando ha un pensiero conscio/razionale, questo viene elaborato dalla mente inconscia e troncato sul nascere.

Se i vostri genitori sono fatti esattamente al contrario, ottimo. Altrimenti, fatevene una ragione.

"Le persone di successo che fanno tanti soldi sono fortunate": questo è un altro paradigma che la società installa nella nostra mente inconscia nell'arco del tempo.

Questo perché? Torniamo ancora lì: se voi siete qui è perché volete ottenere dei risultati che la maggior parte delle persone non ottiene mai. E di conseguenza, le persone che NON ottengono grossi risultati, anche lavorando online e proponendo qualcosa di avanzato, nuovo, installano nella loro mente inconscia questo paradigma.

Se dico alle persone all'esterno "guadagno online", dentro di loro c'è qualcosa che gli dice che sono stato fortunato. Che qualcuno mi ha dato i soldi, che ho vinto un gratta e vinci e mi sono potuto permettere di investirli e via discorrendo.

Ragazzi: la fortuna non esiste.

La fortuna è una definizione che viene attribuita ad un qualcosa che non riusciamo a capire.

"Quello ha fatto i soldi": è una frase che sentiamo spesso, soprattutto in Italia. E inconsciamente si pensa che abbia fatto qualcosa di male. Perché? Semplicemente perché non sappiamo cos'ha fatto per raggiungere i suoi risultati. Non riusciamo a vederci capaci di fare lo stesso e attribuiamo alla fortuna un potere che non ha: MITO SFATATO.

Le persone vi dicono "eh no, quello è mafioso" o "quello ha avuto fortuna", "quello truffa", cose del genere, insomma.

Ma perché lo fanno se non sanno nulla di quella persona e di come guadagna? Come fanno a dire cose così gravi?

È un paradigma: da sfatare con la ripetizione il prima possibile.

Molte volte, quando entro in contatto con persone ricche, gli chiedo cos'hanno fatto. Nella maggior parte dei casi quei "ricchi" hanno compiuto delle azioni che voi non avete mai fatto. Molte volte dietro una persona di successo o con più successo di voi, ci sono delle situazioni di insuccesso e disagio molto più grandi delle vostre. Quando andate a chiedere a una persona di successo come ha fatto, lamentandovi dei vostri insuccessi e problemi, molte volte scoprite che dietro il suo percorso ci sono dei momenti di insuccesso molto più grandi dei vostri. Di questa cosa le persone non se ne capacitano.

Statisticamente parlando l'80% dei nuovi milionari è giovane. Ha avuto fortuna?

Chi arriva in alto, nel 99% dei casi, ne ha tutto il merito.

Può capitare di entrare in contatto con persone ed intraprendere percorsi di successo o entrare a far parte di un ambiente di successo, è vero, ma il successo arriva soltanto quando l'opportunità incontra la preparazione. E questa non si chiama fortuna.

Ma vi dico anche questo: nel mio caso, IO mi sono costruito un mio ambiente potenziante, IO ho compiuto una serie di azioni che mi hanno portato dove sono oggi, IO mi sono completamente riprogrammato a livello inconscio e IO ho cambiato totalmente il mio modo di vivere.

Chiedete a un giovane milionario se ha fatto lo stesso e la sua risposta sarà identica alla mia.

Chi aspetta di essere baciato dalla fortuna di solito rimane povero, e NON SOLO di soldi, ricordatevelo.

Quindi, ragazzi, questo è anche il mio caso. Dovete capire questa cosa: i vostri sono tutti paradigmi sbagliati, se volete avere successo, prima vi dovete mettete in testa che se arriverete ad un traguardo che volevate raggiungere sarà SOLAMENTE merito vostro.

Quanto la riprogrammazione della mente

inconscia sia importante, lo vedo soprattutto quando osservo gli studenti che ottengono grossi risultati (proprio ieri una persona mi ha inviato uno screen che dimostrava che sta facendo 7.000€ al giorno, online). Questo studente è partito totalmente da zero, era povero e viveva in una baracca. Ecco: immaginate quella persona che esce di casa e dice, a chi lo conosceva anche prima che diventasse ricco, che attualmente sta guadagnando 7.000€ al giorno.

Sicuramente nella maggior parte dei casi le persone direbbero: "Ma cosa hai fatto?", "Ma ti ha aiutato qualcuno?", "Un genitore ti ha dato qualche soldo", "Madonna che colpo di fortuna", insomma, in soldoni, "sei stato fortunato".

Non direbbero mai: "Madonna, sei bravissimo! Come hai fatto? Spiegami, voglio sapere". È raro. Non vi sentirete mai fare delle domande del genere. Soprattutto se ve le aspettate dalle persone che vi conoscevano prima.

Preparatevi e diventate militari a livello mentale.

La vostra unica droga deve essere il vostro obiettivo.

Potrà capitare che la vostra preparazione incontri una serie di opportunità. Sapete quante opportunità ci schizzano accanto senza che noi ce ne accorgiamo? Tante, troppe. Bisogna essere preparati per certe cose.

Io mi sono chiuso per più di un anno dentro casa senza avere interazioni sociali e, l'unica cosa che ho fatto, è stata formarmi sia a livello di mindset sia a livello tecnico, cercando le opportunità che mi servivano per arrivare al mio risultato prestabilito. E, ragazzi, non sono rimasto dei giorni, non sono rimasto dei mesi, ma sono stato ANNI a perseverare.

Magari avessi avuto il me di oggi a parlarmi dal futuro, MAGARI! Sarebbe stato tutto più semplice.

Un'altra cosa ragazzi: le opportunità.

Molte persone parlano delle opportunità come se fossero delle cose che arrivano per magia, come un gratta e vinci o qualcosa di simile. Non si rendono conto che molte opportunità ogni giorno gli passano accanto, ma loro non le riconoscono, perché non sono pronti a coglierle. Questa è una cosa fondamentale che dobbiamo stampare il prima possibile nella nostra mente inconscia.

Paradigmi e credenze

Vediamo quello che può essere considerato un paradigma "tipico":

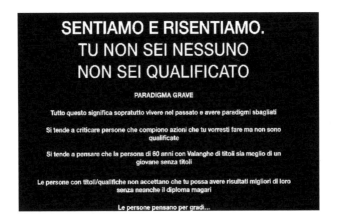

Una volta, ragazzi, per avere successo nella maggior parte dei casi bisognava avere dei titoli di studio, delle lauree, funzionava così. Non parliamo di chissà quanto tempo fa: parliamo anche solo di appena dieci anni fa. Funzionava così.

Io tra l'altro non mi spiego ancora perché fosse così all'epoca... forse perché determinate informazioni si potevano reperire solamente nelle biblioteche o in università e, per esempio, trent'anni fa l'online era ancora in fase di lancio. Quindi le persone avevano bisogno di un titolo, come fosse un'etichetta, che certificasse che avevano studiato. Ma vi garantisco che oggi non è più così.

Si tende a criticare persone che compiono azioni che voi per primi vorreste fare, solo perché non sono "qualificate".

Molte volte vi capita di percepirlo o vederlo: le persone tendono a criticare il prossimo per cose che magari sono fatte benissimo, ma chi le fa non è qualificato per farle. Parlo per esperienza personale, capita anche a me.

C'è chi vede che vivo a Dubai, che faccio i corsi di formazione, faccio consulenze anche da 50.000€ al mese ma nessuno mi chiede cosa faccio. Tutti mi chiedono, invece, "Ma tu che qualifiche hai?".

Quando incontro un imprenditore ricco

sfondato - e qui a Dubai capita spesso - personalmente mi interessa sempre sapere cosa fa, che attività ha. E questo semplicemente per avere sempre più casi studio tra le mani. Amo apprendere cose nuove da persone che ottengono più risultati di me.

E questa cosa la dovreste fare anche voi. Quando guadagnate 2.000€ al mese, interagite con chi ne guadagna 10.000€. Quando ne guadagnate 10.000, interagite con chi ne guadagna 100.000.

La cosa sbagliata è che si tende proprio a criticare chi ottiene risultati (che magari vorreste ottenere anche voi) soltanto perché ce la fa ma "non è qualificato". Si tende a pensare che il sessantenne con valanghe di titoli sia meglio del giovane senza titoli e questo, è un paradigma sbagliato, che viene portato avanti ma che fortunatamente sta andando a morire. Un tempo forse era così, ma vi pongo questo quesito: mettiamo caso che vi venga un'appendicite istantanea e vi dobbiate operare. Voi vi fareste operare da un giovane di 30 anni con esperienza, che ha tantissimi casi studio ma non ha titoli, oppure da un sessantenne che è pieno di titoli ma con mille insuccessi alle spalle, pur avendo fatto valanghe di studi (il che dalla vostra mente inconscia viene percepito come "esperto")?

Io preferirei il trentenne bravo. Non trovate?

Parlate con una persona di famiglia che ha più titoli o qualifiche di voi: ci vorrà del tempo per far sì che accettino che guadagnate più di loro. Per esempio mio nonno, che ha vari titoli di studio, adesso dopo 5 mesi non riesce ancora a capacitarsi di come io possa guadagnare più di lui. Ci vorrà del tempo e forse non lo accetterà mai.

Un altro paradigma errato è dato dal pensare per gradi. Ad esempio: a livello bancario abbiamo chi lavora allo sportello, il dirigente e poi tutte le varie gradazioni per fare carriera.

Ecco: le persone non si capacitano di come una persona dalla cassa possa arrivare a una posizione manageriale. Non si capacitano di un cameriere che diventa di colpo capo del ristorante. Perché questo dovrebbe, nella loro testa, avvenire in modo graduale. Ma è anche vero che oggigiorno spesso capita che una persona valida riesca a saltare alcuni gradini e salire in vetta in tempi molto ristretti.

Quindi ricordate questo:

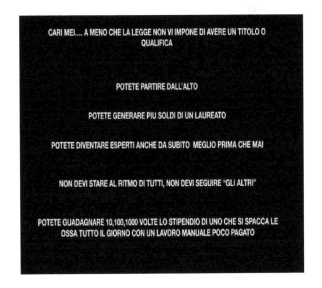

CARI MEI.... A MENO CHE LA LEGGE NON VI IMPONE DI AVERE UN TITOLO O QUALIFICA

POTETE PARTIRE DALL'ALTO

POTETE GENERARE PIU SOLDI DI UN LAUREATO

POTETE DIVENTARE ESPERTI ANCHE DA SUBITO MEGLIO PRIMA CHE MAI

NON DEVI STARE AL RITMO DI TUTTI, NON DEVI SEGUIRE "GLI ALTRI"

POTETE GUADAGNARE 10,100,1000 VOLTE LO STIPENDIO DI UNO CHE SI SPACCA LE OSSA TUTTO IL GIORNO CON UN LAVORO MANUALE POCO PAGATO

Aggiungo che le persone spesso attribuiscono il fatto di guadagnare tanto con lo "spaccarsi la schiena". E questo spaccarsi la schiena lo percepiscono come sudore reale, fisico. Ma non è sempre così. Io per esempio la schiena me la sono spaccato chiuso nel mio studio, a cercare una soluzione davanti al pc. Non sono andato a lavorare 10h al giorno sotto al sole, c'è qualcuno che lo deve fare, ma non stiamo parlando di questo.

Quello che sto dicendo è che le persone normalmente attribuiscono questa cosa al sudore fisico, non mentale, ma non è assolutamente così. Perché voi potete guadagnare anche mille volte lo stipendio di un operaio e non c'è assolutamente nulla di male. Molte volte i genitori o il sistema vi "installano" questi programmi all'interno della mente inconscia e annebbiano totalmente i vostri risultati.

Altro paradigma: guadagnare online non è

serio/non è un lavoro vero.

Anche queste sono cose che si sentono spesso, ma sono totalmente sbagliate. Sono due bugie apocalittiche.

Non so se avete mai visto un video di haters. Io mi ci sono divertito parecchio. Commenti e risposte di persone che, sotto i video degli Youtuber, scrivono certe cose assurde, commenti che uno a leggerli pensa "ma da dove gli escono?".

Anche a me sotto gli ADS scrivono cose assurde (ma gestisce tutto il mio team e io non me ne occupo da tempo). Però se andate a leggere ci sono commenti scritti soprattutto da 50enni repressi, poveri in canna, che non hanno mai concluso nulla nella vita. Anche alcuni programmi in tv in Italia hanno fatto servizi a riguardo. Un programma in particolare, per esempio, ha contattato alcuni di questi "haters" e li ha invitati a casa dell'Influencer che loro stessi hanno insultato con parole d'odio. Bene...se andaste a guardare questi servizi vi rotolereste dalle risate. Perché, nella maggior parte dei casi, queste persone dal vivo hanno paura e fanno passi indietro, smentendosi da soli e facendosi piccoli piccoli.

Però non sempre c'è il programma tv di turno che intervista questi leoni da tastiera. Nella vita di tutti i giorni ci basiamo su un'immagine visiva, per cui andando a leggere i commenti sotto i post di chi guadagna online ci si fa un'idea totalmente sbagliata.

Il tempo online vola, e vola rapido. Molte persone ad esempio comprano un corso di Dropshipping, di affiliate, di self publishing... lo studiano ma poi si perdono un po' nella loro mente inconscia: i risultati vanno malissimo.

Poi ci ritentano e rientrano nel corso... questo è un bene, ma solo se il formatore aggiorna il corso. Cosa che non tutti i formatori fanno. I corsi vengono aggiornati perché il mondo online va veloce. Se si è troppo indietro, allora è davvero il momento di rimettersi in pista SERIAMENTE. Molte persone pensano che l'online sia una truffa, che non sia una cosa seria. Ma questo perché magari studiano troppo poco o studiano cose sbagliate o incomplete. Passano dei giorni, passano delle settimane, e quelle cose che quella persona ha studiato non funzionano più, non sono più "vere". Perché il mondo online corre.

Facciamo mente locale:

MENTE LOCALE

Online si spende di più in pubblicità che in tv

Le persone più influenti sono online, non più in tv

Realtà multi-miliardarie tipo amazon netflix svolgono per la maggior parte del tempo svolgono attività online. Vendono online, investono online.

Molti lavori si stanno trasformando, dipendenti sostituiti da macchine
Molti lavori si stanno automatizzando
In molte professioni inizia a bastare un telefono ed un pc

Ci sono persone che Generano milioni da casa, compreso me.

Fare soldi online è una roba seria cari miei.

Attualmente, avrete notato che le stesse emittenti televisive, per dare un po' di visibilità in più ai programmi, chiamano l'Influencer della rete e lo mettono lì per fare ascolti. Molti programmi tv riescono a totalizzare un buon numero di ascolti perché portano sui loro schermi tante personalità che sono già influenti e seguitissime online. Se non lo facessero sarebbero morti da tempo.

In molte professioni bastano un telefono e un pc, null'altro. Mi viene in mente persino il mio avvocato, che un tempo avevano sì necessitava di un ufficio, pagando quindi una quota mensile, una segretaria, assistenti, ecc. Attualmente lui svolge tutto il suo lavoro online. L'assistente ce l'ha, ma virtuale, e svolge il suo lavoro dove vuole. Questo fattore massimizza automaticamente i suoi introiti. Perché online può fare molte più cose e pagando meno pubblicità rispetto all'offline, nel quale un tempo per piazzarti dovevi pagare tv, ospitate e così via.

Oggigiorno è sufficiente pagare pubblicità con mezzi come Facebook, Google, Youtube ecc., e arrivano molti più clienti.

Fare soldi online significa faticare, darsi da fare, e non è per niente una cosa "per tutti".

Totale controllo

Vediamo adesso come riprogrammare la nostra mente inconscia e come andare a sostituire i paradigmi negativi presenti al suo interno:

Abbiamo 3 modi:

- Lo shock
- La ripetizione
- L'ipnosi

Shock e ipnosi non li tratteremo. Tratteremo invece la ripetizione, che è la strategia in assoluto migliore per riprogrammare la mente inconscia.

Accenniamo un attimo lo shock: come si installano i paradigmi attraverso di esso? Eccovi un banale esempio:

Quando ero bambino andavo a cavallo con mia madre, che era istruttrice di equitazione. Una volta sono cascato da cavallo e mi sono fatto malissimo alla spalla. Mia mamma cos'ha fatto, subito? Mi ha rimesso sopra al cavallo. Questo perché? Perché cascando da cavallo la prima volta, da bambini, si ha una sorta di shock e si installa un paradigma negativo sull'andare a cavallo. Si pensa che sia una cosa brutta, negativa, pericolosa. Ecco. Mia madre mi ha preso SUBITO da per terra e mi ha rimesso sul cavallo. Dopo una settimana salivo in sella tranquillamente. Se mia madre non avesse fatto questo, io probabilmente non sarei più andato a cavallo per tutta la mia vita.

La ripetizione nel nostro caso (e anche nel mio) è stata una delle cose fondamentali che mi ha portato dove sono oggi e che sta portando i miei studenti in alto, molto rapidamente, verso i loro obiettivi. Molte persone provano a cambiare i loro risultati attraverso la mente conscia, ma sarà poi la mente inconscia a determinare i risultati. Perché, come abbiamo visto, dalla mente conscia i pensieri passano a quella inconscia. Ed è lì che vengono rielaborati (per mezzo dei paradigmi). Il risultato finale di questa rielaborazione è quello che determina la nostra azione.

Se fate mente locale, grazie alla ripetizione noi abbiamo imparato molto nella vita. In primis la nostra lingua madre: come parlare, come dialogare. Il nostro linguaggio, l'italiano, ma anche l'inglese, il francese, il tedesco, l'arabo. E abbiamo imparato cose pratiche come andare in bicicletta o guidare l'automobile.

Vi siete mai chiesti come mai a volte mentre guidate siete al telefono, parlate con la persona accanto a voi, pensate ad altro, consciamente avete mille pensieri EPPURE vi trovate sempre a destinazione? Come ci siete arrivati fin lì? Ci siete arrivati in modo automatico.

Questo è perché il duro lavoro l'ha fatto la

nostra mente inconscia, in auto-pilot.

Ci sono molte cose, ragazzi, che la nostra mente inconscia ci fa svolgere inserendo il pilota automatico.

Quali sono quindi le ripetizioni che dobbiamo fare? Eccole...

Quali sono le ripetizioni
che dobbiamo fare ?

Qualunque cosa può essere studiata e imparata

Le altre persone sono quasi sempre meno intelligenti di quanto pensiamo

Le persone mentono e rubano se ne hanno l'opportunità

Può essere giusto guadagnare tanto lavorando poco

Bisogna dire al mondo che noi ci siamo senza dover dar conto a nessuno

Bisogna avere un business che genera denaro, tanto denaro

Volete guadagnare 10k, 100k al mese? Una cosa che vi può aiutare per riprogrammarvi. Ovviamente, ragazzi, a molti potrà risultare paradossale...ma vi assicuro che è proprio così che funziona, ovviamente con la pratica, il duro lavoro, le giuste informazioni.

Attraverso questa riprogrammazione mentale avete grosse chance di andare verso il vostro obiettivo, e anche in modo rapido.

E allora iniziate ad immaginarvi già come se steste guadagnano quella cifra.

Volete guadagnare 10k euro al mese? Immaginatevi già nell'ambiente in cui stareste. Immaginate lo stile di vita che fareste. Avete un sogno nel cassetto? Immaginatelo già realizzato.

Quanti soldi mettereste da parte? Immaginatelo già. Immaginatevi già con il vostro conto in banca che cresce, di aprire un altro conto in banca in cui metterete da parte 5k, 10k o 100k euro ogni mese. Immaginate già di essere esattamente dove vorreste arrivare.

E così che ho fatto io; ho immaginato di abitare in un hotel a cinque stelle pagando dai 5.000 ai

15.000€ al mese di affitto. E così è stato. Ho anche pagato anticipatamente tutto l'anno, così da non doverci più pensare. In Italia pagano tutti mensilmente, io ho pagato un anno nell'hotel più lussuoso di Dubai, tutto in anticipo, senza avere alcun tipo di problema. Questa cosa, vi sembrerà strano, me l'ero già immaginata due anni fa. Ovviamente mi sono fatto in quattro per arrivarci. Ma mi sono totalmente focalizzato sul fatto di aver GIA' realizzato i miei sogni.

Da un certo punto di vista l'ho fatto inconsciamente. Perché tutte queste cose le facevo già dai miei 17/18 anni. Mettevo in pratica tecniche di visualizzazione sapendo che erano giuste. Ma non sapevo quanto fossero realmente importanti. L'ho scoperto dopo ed ho capito che era stato proprio questo mio mind-asset a farmi fare lo step successivo. Senza il giusto mindset probabilmente oggi non sarei qui.

Consiglio: scrivete tutti i giorni su un foglio dove vorreste arrivare.

Scrivere su carta (NON al pc) è un atto pratico che vi consente di cambiare mindset.

Fate questo:

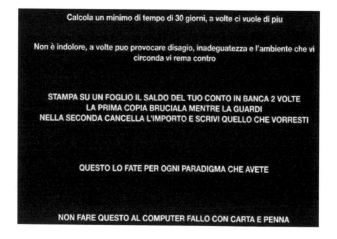

Calcola un minimo di tempo di 30 giorni, a volte ci vuole di piu

Non è indolore, a volte puo provocare disagio, inadeguatezza e l'ambiente che vi circonda vi rema contro

STAMPA SU UN FOGLIO IL SALDO DEL TUO CONTO IN BANCA 2 VOLTE
LA PRIMA COPIA BRUCIALA MENTRE LA GUARDI
NELLA SECONDA CANCELLA L'IMPORTO E SCRIVI QUELLO CHE VORRESTI

QUESTO LO FATE PER OGNI PARADIGMA CHE AVETE

NON FARE QUESTO AL COMPUTER FALLO CON CARTA E PENNA

Svolgete l'esercizio del saldo del conto tutti i giorni per almeno trenta giorni. Dopo vi verrà automatico, lo farete anche per i prossimi 60, per i prossimi 90.

Fate la stessa cosa per ogni paradigma che avete. Se pensate qualcosa come "sono ᵒro" scrivetelo su un pezzo di carta e fatelo bruciare, fissando attentamente mentre brucia.

Trasformate la vostra vita nella vita che vorreste sin da subito e catapultatevi mentalmente.

Cosa vuol dire? Per esempio molti di voi abitano in una bettola. Cosa dovete fare? Isolarvi totalmente e immaginare voi stessi a vivere la vita che vorreste. Volete vivere alle Maldive e lavorare da pc? Immaginatevi già lì. Mentre studiate il mio corso, mentre fate pratica, mentre aprite business, mentre fate qualsiasi cosa, voi, inconsciamente, dovete essere dei militari.

Dovete essere catapultati, ogni giorno, da quando vi svegliate a quando andate a dormire, in quello che è il vostro obiettivo. Che stiate studiando, che stiate lavorando o altro, inconsciamente dovete riuscire a pensare che lo fate per raggiungere il vostro obiettivo, nient'altro.

Eliminate tutte le fonti esterne che vi manipolano e vi rendono questo processo più complicato. Amici, parenti, meno ci siete a contatto meglio è: fatelo. Spegnete ogni tipo di media che può essere nocivo, come possono esserlo la televisione e il telegiornale. Calcolate che il telegiornale in un certo senso sin da quando siamo nati ci ha danneggiato. Quando guardiamo la televisione le informazioni negative a cui assistiamo e la paura che ne consegue vengono installate nella nostra mente inconscia.

Quindi fate un cut-off.

Dovete riprogrammare i vostri paradigmi, con l'obiettivo finale di prendere totale controllo della vostra mente.

Partiamo

Effetto visivo Drop/Private Label

Iniziamo a parlare di questioni più tecniche!

Partiamo dalla differenza tra un sito fatto in Dropshipping classico e uno sviluppato in Private Label.

Ci sono varie strategie per fare un Private Label (ovvero un vero e proprio brand tutto vostro, anche con budget zero). Potete infatti fare Private Label senza necessariamente investire tutto il vostro budget, soprattutto se non siete sicuri che il prodotto da voi scelto potrebbe essere potenzialmente vendibile, andare in trend o risultare un successo anche grazie alle varie strategie che vedremo in questo corso.

Per fare queste attività non occorrono particolari strumenti o applicazioni:

principalmente saranno online.

Guardiamo questo sito in Private Label, che chiameremo sito "X":

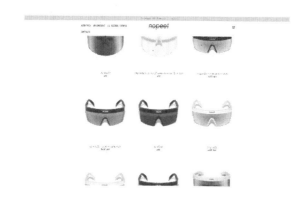

Innanzitutto è importante sapere che questo sito è ben indicizzato a livello SEO, dunque cercando i prodotti su Google, il primo risultato sarà questo sito con anche le relative recensioni. Le recensioni sono fondamentali, costituiscono la cosiddetta "social proof", che non potete sottovalutare.

I proprietari di questo e-commerce in Private Label, hanno anche una presenza social. Il sito è molto in voga su Instagram e le strategie che i suoi ideatori sfruttano maggiormente sono incentrate proprio sulla pubblicità su Instagram.

In questo corso non mi dilungherò troppo nella pubblicità (Facebook Ads), anche perché mi sono accorto che non è necessario usarla.

Io, prima di fare brand in Private Label, ho fatto dei brand classici in Dropshipping dove puntavo specialmente sulle Ads. Dunque inizialmente aprivo un brand in Dropshipping ed iniziavo a investire budget. Pensavo, erroneamente: "incomincio a fare le grafiche, investo molto nelle Facebook Ads e le monitoro le modifico, ecc.".

Ma non è questo ciò che vi consente di avere successo.

Ragazzi, ricordate: l'importante è mandare il brand in trend. Dovete avere come obiettivo quello di far sì che il brand vi venda H24 senza farvi spendere un solo euro.

Poi sono d'accordo che successivamente, ottenuto un discreto successo, potete investirci soldi in campagne di retargeting che andremo a vedere meglio più avanti. Però il brand, da subito, sin dall'inizio, deve andare in trend e le persone vi devono fare condivisioni spontanee su Instagram e condivisioni su Facebook. Insomma, la gente deve parlare del vostro brand perché gli piace, perché è "cool", perché è di trend. Così che si otterranno i migliori risultati.

In questo sito di esempio, possiamo anche osservare come sia semplice e minimal la grafica.

Nella nostra era, il minimalismo è ciò che va per la maggiore. Tutti i brand minimalisti attuali vendono tantissimo. Guardate tra i brand di telefonia più famosi ad esempio. Anche il microfono da cui vi sto parlando viene da un brand super minimalista. Quindi è il trend ciò che fa la differenza.

Gli occhiali che vedete su questo sito, se li andate a cercare sui siti dei grossisti cinesi, li trovate esattamente identici ma senza logo. Quindi sono solo stati brandizzati.

A fondo pagina vi è il collegamento per Instagram, che a sua volta consente di acquistare direttamente dall'app INSTAGRAM stessa. Ed è proprio su IG che è stata fatta la pubblicità. Uno degli influencers in voga al momento, Steve Cook, ha 2 milioni di followers su IG. Ha sponsorizzato una sola foto per 24h e ha portato ad oltre 20.000$ di occhiali venduti.

Riflettete. Zero soldi spesi in ADS. La cosa bella è che a lui non è stato offerto nessun budget pubblicitario bensì un programma di affiliazione (dunque ha preso una percentuale su ogni occhiale venduto).

Vediamo ora un altro shop. Questo altro venditore ha voluto prendere lo stesso genere di prodotto e ha creato il sito che chiameremo

"Y":

Ci sono gli stessi occhiali. Se voi andate sul sito "X" trovate lo stesso modello in trend, ma brandizzato.

Questo sito "Y", se andassimo ad analizzare i dati, ci accorgeremmo che farà 1/10 del profitto di un sito come "X".

Voi la vedete la differenza tra i due stores?

Capiamo il concetto chiave. È come paragonare un telefonino famoso (non menziono il brand), ad uno cinese. Vi è una differenza enorme tra la vendita in Dropshipping e quella brandizzata dentro al vostro Private Label. Nel secondo caso darete ai potenziali clienti l'impressione di avere un prodotto valido, solido, affidabile, potente.

Dovete comprendere che la mente ragiona in un modo tutto suo. Inconsciamente, entrando nel sito X, il vostro inconscio capta subito che si tratta di un sito affidabile. Sentirà che il prodotto è un trend e tenderà subito a voler acquistare un paio di occhiali.

Osserviamo ora la gamma prodotti: nel sito X vi è un'unica tipologia di occhiali. Dunque pochi modelli, molteplici colorazioni. È uno shop selettivo.

Mentre nel sito Y l'indecisione è forte, infatti ci sono troppi modelli diversissimi tra loro; ciò genera dispersione e potrebbe addirittura demotivare dall'acquisto.

Analizziamo anche lo stile dei prodotti: sul sito Y ci sono modelli più stravaganti, che possono piacere, ma chi li indosserebbe a conti fatti?

Bisogna ragionare dal punto di vista del cliente. Chi compra occhiali così stravaganti acquista perché sta andando a una festa, "fa figo". Mentre sul sito X ci sono occhiali più versatili, che le persone possono mettere tutti i giorni. Lo stesso cliente che acquista un primo paio di occhiali, proprio perché sono più versatili, durante il resto dell'anno potrà comprare altre varianti di colore. In base alle statistiche stesse del sito, che ho tra le mani, in media il cliente tipo durante l'anno ve ne compra 6 paia. Su 100 clienti attualmente ne abbiamo, nel caso specifico, circa 40 che acquistano 5 o 6 paia di lenti durante l'anno.

Pro e contro Dropshipping e Private Label

Cerchiamo di capire i pro e i contro di aprire un Private Label o un sito generico in Dropshipping, oltre che le varie differenze tra i due.

Capiamo anche come cominciare, come testare i prodotti e su cosa buttarci.

Premetto una cosa: ovviamente qualcuno non ci riuscirà, perché è un lavoro veramente lungo e complesso. Un processo che non voglio definire duro ma che, insomma, vi richiederà una certa fatica e costanza. Prima che diventiate dei PRO passerà un po' di tempo.

Io ho degli studenti del corso precedente che sono andati veramente forte e sono felicissimo di questo perché gli ho cambiato completamente la vita. Ho uno studente che in un solo mese è riuscito a fare 50.000€ con una sveglia da comodino, ma questi sono casi abbastanza rari.

Vi devo anche confessare una cosa. Io ho fatto tantissimi soldi in Dropshipping, ma ne sto facendo 5/6 volte tanti in Private Label. Si tratta di capire se si vuole ragionare nel breve

termine o nel lungo termine. Con il Private
Label, potete creare nel tempo un vero e
proprio brand milionario.

Quindi, personalmente, non vi consiglio di
preferire il Dropshipping. È vero che il budget
iniziale è quasi sempre minimo, il più delle
volte zero. Ma è anche vero che se create un
sito come il sito "Y" dovrete buttarvi quasi
totalmente sulle Facebook ADS, quindi andrete
comunque a spendere soldi.

Mentre con il Private Label, che poi vedremo in
dettaglio, ci sono varie strategie per non
investire denaro e non avere fisicamente il
prodotto, quindi non fare magazzino, ma avere
comunque tra le mani un prodotto
personalizzato e incominciare a venderlo.

Pro e contro di uno store in Dropshipping

Innanzitutto il beneficio principale del Dropshipping è dato dal fatto che non avete budget da investire (quindi voi potete utilizzare dei normalissimi prodotti presi da un grossista cinese, trascinarli all'interno del vostro sto web e farvi pubblicità). Non avete budget iniziale.

Nel Dropshipping c'è un altro beneficio: per fare un sito web in Dropshipping ci vuole poco tempo, all'incirca tre ore. Poi vi spiegherò come fare, queste sono soltanto considerazioni iniziali.

Il Dropshipping è veloce, ma c'è un punto fondamentale: la spedizione. Tenete conto che quando al cliente arriverà il prodotto a casa in Dropshipping, gli arriverà una spedizione dalla Cina, ossia una spedizione che pagate pochissimi euro ma che arriva minimo in sette giorni e, nella peggiore delle ipotesi, dopo un mese o un mese e mezzo. Ed è una cosa che, capite bene, non è vantaggiosa. Non si fa e-commerce così.

So che in molti corsi (anche corsi che ho acquistato in passato) viene spiegato come fare ADS e via discorrendo. Ma è comunque una cosa che non si può fare per troppo tempo. Non è una cosa pulita, limpida. Potete vendere anche molto, inizialmente, ma prima o poi ci saranno di sicuro clienti che vi contatteranno perché non ricevono il prodotto (e voi dovrete stargli dietro, perché la customer care è una cosa fondamentale).

Potreste avrete problemi con il fornitore (potrebbe tardare con le spedizioni), o venire a sapere che i prodotti arrivano rotti, danneggiati. È una cosa che capita con i prodotti più fragili, come gli occhiali. E ovviamente la Cina non fa resi. Voi dovrete semplicemente fare rimborsi e andrete in perdita, perché anche se il prodotto l'avete pagato 5€ voi al cliente dovrete inviare, per esempio, i 40€ della cifra che LUI ha speso, e in più avrete anche speso i soldi dal grossista cinese (che ovviamente non farà rimborsi). Quindi avrete perso i soldi.

Poi c'è una cosa che odio con tutto me stesso, che è il packaging.

Quando il prodotto dalla Cina arriva a casa spesso arriva con una scatola orribile dentro una busta di plastica grigia, piena di scritte cinesi, veramente brutta. Questo ovviamente non dà del vostro shop una buona immagine, non è una cosa da imprenditore.

Immaginate di andare a fare acquisti presso un qualsiasi rivenditore di brand premium. Il packaging è curato, la busta è brandizzata. Sono cose che fanno piacere al cliente.

È la stessa identica cosa che accade a chi acquista gli occhiali del brand "X", che è un Private Label, i prodotti arrivano a casa con un packaging più curato.

Il Dropshipping quindi si può fare, ma dovete prima valutare tutti questi pro e contro.

Il mio obiettivo è quello di farvi diventare degli imprenditori seri, degli imprenditori che potenzialmente possono lanciare dei brand milionari.

Capite bene che questa del Dropshipping non è la migliore delle soluzioni.

Pro e contro di un Private Label

Sono maggiori i pro dei contro per quanto riguarda il Private Label. I vantaggi sono infatti molteplici; potete decidere di avere uno stock iniziale così come non averlo.

Il Private Label funziona così:

voi scegliete il prodotto, contattate il grossista cinese e gli chiedete qual è il costo effettivo, quanti pezzi serviranno per abbassare il costo (es: "200 pezzi costano 3€, ma prendendone 500 quanto me li fai pagare con anche il logo? E a quanto me li fai se in più ci aggiungo anche il packaging?")

I pro del Private Label sono fondamentalmente questi:

- importerete i prodotti dalla Cina (o comunque vi farò vedere come non importarli in Italia perché potreste avere problemi di dogana, se invece lo fate con una warehouse in Cina può capitare che un cliente su 10 possa ricevere qualcosa da pagare di dogana ma si parlerà di 2/3€, cifre irrisorie)

- ☐ avrete prodotti vostri, con un vostro logo
- ☐ offrirete spedizioni più valide, dirette
- ☐ avrete la possibilità di creare un brand che col tempo potrebbe diventare milionario

Quando voi nel Dropshipping create il vostro e-commerce su Shopify, sostanzialmente oltre ad occuparvi del design, importate direttamente i link dei prodotti cinesi nel vostro store (poi vedremo come). Dunque si tratta di un'importazione diretta, senza dover sentire il venditore o avere contatti diretti con il grossista. Tutto ciò non è una cosa da imprenditore, non si fanno i veri soldi così. Si può fare un po' di cassa, ma parliamo di cifre basse. Che a noi non bastano.

Fornitore contatti

Vediamo un po' come trovare un prodotto, come cercarlo, come selezionarlo e come contattare il fornitore.

Ovviamente quando entrerete nella homepage del vostro grossista vi sembrerà un po' tutto "cinese", abbastanza economico, ma non è così ragazzi. In base a come vengono fatte le foto, il prodotto magari si rivela essere nettamente migliore.

Vi dovete sempre catapultare nel futuro, quello che dovete vedere non è il prodotto in sé ma il suo potenziale. Quello che, insomma, potete costruirci sopra.

Io ad esempio ero partito con delle parrucche sintetiche, che vi consiglio caldamente se state cercando un prodotto dal quale iniziare, perché vanno molto molto bene in termini di vendite.

Ma come contattare un grossista?

Intanto scegliete il prodotto: non considerate il prezzo, perché è indicativo. Non vi preoccupate perché se parlate con il fornitore e ci contrattate riuscite ad abbassare il prezzo. I cinesi sono facili alle contrattazioni. Una parrucca da 37$ potete tranquillamente farvela scendere a 15$, senza troppe complicazioni.

Per contrattare con il fornitore, entrate dentro la scheda del prodotto che vi interessa e cliccate su "contatti", in basso a sinistra:

Cliccandoci (da loggati) il sito vi darà i contatti del fornitore. Come prima cosa vi fate dare dal venditore il numero di telefono per semplificare le cose e gli scriverete su WhatsApp.

Così è come potrebbe apparire un inizio di conversazione con un venditore:

Come potrete vedere dal prossimo screenshot,

sono i fornitori stessi che vi fanno i prezzi:

Se le proposte vi stanno bene, contrattate il prezzo.

Come regola generale, se volete fare Dropshipping usate Aliexpress, mentre per il Private Label sarà meglio Alibabà. Su Aliexpress potete importare i prodotti per il Dropshipping, mentre su Alibabà trovate i fornitori soprattutto per quanto riguarda le grandi quantità.

Private Label senza stock iniziale

Vediamo insieme i passaggi da seguire per effettuare un Private Label senza stock iniziale.

1. **Creare grafica virtuale**. Innanzitutto cerchiamo il prodotto dal nostro grossista cinese. Possiamo anche non contattare il fornitore e limitarci a scegliere un prodotto qualsiasi che vogliamo vendere. Successivamente, prendiamo le foto del prodotto "neutro". Quindi le foto del prodotto con l'eventuale box bianca o nera o, in

assenza di queste, la foto del prodotto senza sopra logo né nulla. Ovviamente sarà difficile trovarlo, quindi dovrete probabilmente farvi inviare dal fornitore un sample direttamente a casa e fargli voi le foto. La foto "vergine" si porta su Fiverr.com, un sito web dove ci sono molti artisti che, a bassissimo costo (es.5€) riescono a farvi una grafica completa nel giro di 24h. Il logo potete benissimo farlo voi stessi su Canva, perché è una cosa davvero molto semplice. Nell'arco di poche ore avrete già un prodotto da vendere, già brandizzato, con il vostro logo, il vostro packaging e tutto il resto.

2. Dopo di che create lo store. Come immagini si utilizzeranno le grafiche del vostro prodotto fittizio. Prodotto che voi non avete, ma che per il cliente in realtà è nelle vostre mani poiché venduto da voi.

3. Nello store invece di inserire "acquista ora" metterete "pre-order". Ovviamente nella descrizione dell'ordine scriverete qualcosa del tipo: "A causa dell'elevato numero di richieste il prodotto è disponibile esclusivamente in pre-order". Specificate anche che loro, una volta acquistato il prodotto, lo riceveranno entro 30 giorni (oppure utilizzate una data precisa, calcolando un minimo di 30 giorni, perché dovete avere il tempo di lanciare lo store, ricevere gli ordini e successivamente spedirglieli). Mettiamo che in una settimana ricevo 5/10 ordini, dopo che passano i 30 giorni per quelli che hanno acquistati per primi sarà già il secondo mese d'attesa, considerate sempre questo e tenetevi larghi.

<u>Ecco i pro e i contro di questo modello di business</u>

Pro

In questo business, investimento e rischio sono molto ridotti. Inoltre, si dà al cliente un'esclusiva del prodotto finale (perché sarà brandizzato). Vi faccio un esempio: un brand noto fa uscire un prodotto innovativo. All'inizio lo mette in vendita ad un prezzo molto alto. Inizialmente non le mette in vendita in negozio, ma soltanto online in pre-order. Voi lo acquistate, vi mettete in lista e una volta terminato il tempo di pre-order lo ricevete a casa. Tutto ciò dà al cliente l'idea di volere un prodotto "ambito".

C'è un case study molto famoso relativo ad un brand di abbigliamento che ha fatto una cosa simile con delle scarpe. Io non so quanto il brand abbia fatturato con quelle scarpe, ma so che qualche anno fa hanno fatto il boom e hanno addirittura aiutato l'azienda a rilanciare il nome stesso del brand. La cosa certa è che quando create un prodotto che segnalate come a tiratura limitata e disponibile soltanto in un tot massimo di pezzi, date un'esclusività al prodotto che tende a diventare un "trend".

In tutto ciò voi state lavorando, sin dall'inizio, a costo zero. Tutto ciò che dovrete fare è la grafica e lanciare il sito web. Una volta che riceverete i primi pre-order avrete fatto cassa a sufficienza per iniziare ad acquistare i prodotti.

Contro

Come contro c'è sicuramente il fatto che avrete una perdita di vendite del 30-50%. Perché non tutti sono disposti a pagarvi se il prodotto non è ancora esistente. Ma non preoccupatevi perché questo dato che sembrerebbe negativo è in realtà positivo. Io non voglio le persone che non acquisterebbero in pre-order, ma solo quelle che lo vogliono a tal punto da acquistarlo prima che sia sul mercato, perché riceverlo per loro avrà molta più rilevanza e di conseguenza faranno una social proof molto più ampia.

C'è un'alta probabilità che condividano il contenuto, che si facciano una foto su Instagram che poi possiate condividere, generando anche traffico. Insomma, tutta una serie di benefici che andremo a vedere meglio più in là.

Private Label con stock iniziale

Vediamo adesso, invece, come vendere in Private Label con uno stock iniziale.

Si tratta di contattare il venditore, mettersi d'accordo, iniziare ad acquistare uno stock di prodotti (ovviamente brandizzati, con logo del prodotto) e metterli in vendita.

Il tempo necessario per acquistare uno stock di prodotti brandizzati, quindi con logo, packaging e tutto il resto è di circa 15, al massimo 20/30 giorni.

Di seguito vediamo lo schema della vendita con stock iniziale:

Ma dove si può fare questa tipologia di business? Si può fare in Italia, USA, UK e Australia. Questo lo dico perché i dati statistici dicono che in questi paesi è facile farlo.

In Italia è semplice perché importare un piccolo stock iniziale anche di soli 300 prodotti consente con buone probabilità di evitare la dogana, ed eventualmente questi prodotti potrebbero essere stoccati in casa o in un magazzino di vostra proprietà.

Negli Stati Uniti invece lo stock iniziale funziona perché ci sono molte warehouse in cui è possibile depositare i prodotti e, inoltre, le persone tendono ad acquistare molto più facilmente online. Stessa cosa negli UK e in Australia. In questi paesi si ha un grosso numero di warehouse virtuali (=magazzini) in cui è possibile stoccare i prodotti che poi verranno distribuiti direttamente da lì, senza che vi preoccupiate di avere a disposizione un magazzino di vostra proprietà.

Ovviamente per chi vive in Italia la cosa più semplice sarebbe stoccarli proprio in Italia stessa e tenerli vicini, per garantire spedizioni più brevi. Inoltre spedendo dall'Italia potreste avere la possibilità di separare il prodotto dal packaging, facendovi spedire la fornitura dal grossista cinese ma andando poi a far realizzare il pack da una ditta esterna con la quale vi sarete messi d'accordo, tra l'altro a basso costo.

Infatti, a meno che voi non prendiate stock da 1000, 1500 prodotti, i pack tra qui e la Cina potrebbero variare di pochissimo, parliamo di

0,30/0,40€ a pack.

Principalmente dunque Italia, UK, USA e Australia.

<u>Vediamo ai pro e ai contro di questa tipologia di business</u>

Pro

Tra i punti a favore c'è la possibilità di iniziare con strategia e creare un business potenzialmente multimilionario, andando a lavorare soprattutto con influencers a una fitta rete di social proof positivo. Questo è un business che consiglio in assoluto. Magari non è rivolto a chi parte proprio da zero. Chi parte da zero lo può fare, inizialmente, ma magari scegliendo un prodotto che è a basso costo. Considerate per esempio che presso i rivenditori cinesi molti accessori tech costano pochissimo e potete caricarci sopra un enorme sovrapprezzo. Cuffiette e gadget costano tra i 50 centesimi e 1€, quindi anche facendo una grossa fornitura da mille pezzi con meno di un migliaio di euro riuscite già a creare il vostro brand.

Contro

Ovviamente non lo suggerisco a chi deve creare un brand partendo da prodotti più costosi. In questo caso l'investimento iniziale potrebbe essere più elevato (anche 5000/6000€) e il rischio di non recuperare il capitale investito c'è sempre. Il rischio è una cosa da non sottovalutare. Se voi avete mille euro da parte non potete approcciarvi a questo business. Se pagate un affitto e avete solamente pochi soldi da parte è una cosa che sconsiglio. Se invece avete un po' di soldi da parte è diverso. Investite 500/1000€ e ci provate.

Parlo da un punto di vista molto personale: come sapete ho iniziato con il Dropshipping, poi mi sono spostato sul Private Label e sono diventato un professionista dell'e-commerce. E quindi riesco a fare 40/50/60.000€ al mese di profitto. Quindi capite bene che con un tot di soldi in banca da parte, mettere 1.000€ su un Private Label non è un problema. Ecco perché è importante investire solo avendo le giuste risorse da parte. Dovete riprogrammare la vostra mente. Dovete essere a vostro agio con l'idea di perdere i soldi. Non la dovete pensare come "investo 1.000€ e me ne devono tornare 5/10.000€ indietro". Non funziona assolutamente così.

Da Dropshipping a Private Label

E se volessimo passare in corso d'opera da Dropshipping classico a Private Label? Anche io ho adottato questa strategia così come molti altri professionisti.

In sostanza non si fa nient'altro che testare il prodotto in Dropshipping, importando i prodotti all'interno dello store in modo classico senza fare grafiche né nulla di tutto ciò. Si tenta anche di sfruttare Influencer o ADS sui social così da verificare se il prodotto funziona.

La cosa ideale è fare un general store, ma sempre di nicchia (es. beauty donna, o fitness).

Mettiamo all'interno dello store tutti i prodotti che ci interessano ma appartenenti solo a quella nicchia specifica. Una volta che troviamo un prodotto che riesce a generare qualche vendita in più rispetto agli altri e ha un buon margine possiamo passare al Private

Label con o senza stock iniziale, sta a voi decidere quale vi conviene di più. La cosa importante è che a questo punto sarete già certi, dato il test eseguito, che quel prodotto può funzionare. Iniziate quindi a strutturare il vostro brand personale. Che sia in stock o in pre-order lo vedrete voi.

Ovviamente ci sono dei pro e dei contro.

I **pro** sono che il budget iniziale può essere molto basso, entro i 100/500€. Ovviamente questi budget possono essere anche molto inferiori o molto superiori.

C'è una grande facilità di gestione, perché inizialmente grazie al Dropshipping non dovremo gestire le spedizioni e quindi sarà tutto più semplice

Inoltre c'è di buono il test sul prodotto iniziale. Investire alla cieca su interi stock di prodotti non ha molto senso, sarebbe folle. Un minimo di sicurezza voi dovete averla. Altrimenti, come mi è capitato personalmente, ci si può trovare nella situazione di avere degli stock di prodotti invenduti a casa o nelle warehouse da vendere. Ovviamente i prodotti si vendono, non è che non si vendono.

Una cosa che facevo spesso quando avevo delle giacenze invendute era quella di inviare i prodotti alla warehouse Amazon e Amazon nel giro di 1 o 2 mesi me li vendeva, tenendosi il 15%.

Ovviamente il contro maggiore è dato dai risultati non troppo soddisfacenti, perché in partenza iniziate con un prodotto in drop, che dunque porta tutti gli svantaggi di questo metodo con sé. I prodotti arrivano al cliente dalla Cina e con un packaging pessimo. Questo deve essere solo un metodo per fare test iniziali, i prodotti vanno poi necessariamente brandizzati per avere buoni risultati.

La potenza del branding

Vediamo adesso perché considero così importante il fatto di creare un vero e proprio brand intorno al nostro e-commerce e al nostro prodotto e al nostro sistema di comunicazione.

LA POTENZA ASSOLUTA
DEL BRANDING
- LA CREDIBILITA'
- LA VIRALITA'
- SOCIAL PROOF
- SEXY

☐ Prima di tutto il brand dà tantissima, tantissima e ripeto tantissima **credibilità**. Quando abbiamo un brand le persone si fidano di noi, ci danno una credibilità molto maggiore quando devono comprare, condividere, lasciare like o parlare agli amici del nostro prodotto. Provano piacere nel farsi vedere con il nostro brand addosso o nel far vedere che utilizzano il nostro brand.

- ☐ Il secondo punto a favore del brand è la **viralità**. Quando un prodotto ha un brand vincente ha una viralità molto maggiore di un prodotto che non ha un nome e che non è conosciuto, che non ha un'entità

- ☐ Poi c'è la **social proof**, ovvero la prova che quel brand funziona, è condivisibile sui social, è in grado di diventare virale. Quando vediamo la recensione di un ristorante, quella è social proof. Quando vediamo qualcuno che si tagga con un nostro prodotto (che può essere una maglietta, un orologio, una qualsiasi cosa), tagga la nostra pagina, ecc., quella si chiama social proof. Penso che la social proof sia una delle cose fondamentali per un brand di successo multimilionario. Quando ho iniziato con il Dropshipping le persone acquistavano il prodotto, lo utilizzavano, ma non c'era realmente una social proof. La gente non si taggava più di tanto, non condivideva il prodotto, se lo teneva per sé. Quando sono passato al livello successivo ho iniziato a vedere che quella social proof iniziava ad aumentare. Le persone si taggavano, facevano le recensioni, consigliavano agli amici, facevano tantissimo share e di conseguenza consentivano al brand di aumentare tantissimo in organico. Perché è proprio quando i tuoi clienti incominciano a condividere il prodotto che inizi a vendere in modo totalmente gratuito, senza spendere un euro. Automaticamente questo processo ti porta cassa e ti consente di investire di più in risorse e pubblicità.

- L'ultimo punto cruciale della potenza del branding è la questione di quanto sia sexy. Guardate sempre ai colossi della tecnologia. Hanno dei brand sexy. Quando li comprate guardate sia alle funzionalità dei prodotti, che risolvono dei problemi, ma un 20% della vostra mente acquista quell'articolo perché è sexy. Avere un oggetto di tecnologia ambito, è sexy. È come avere un gioiellino, un po' come acquistare una Porsche. È una macchina, ma conta ciò che sta dietro il suo concept.

L'importanza di vendere un solo prodotto

Quando avviate il vostro business, iniziate sempre con un prodotto solo, perché così facendo tutto il vostro branding e la pubblicità che state preparando si concentrerà su quel singolo prodotto. Questa è una cosa fondamentale soprattutto all'inizio. Intanto avrete una facilità assoluta nella creazione dello store, che sarà mono prodotto. Darete molto valore a quel prodotto, perché tutta la grafica sarà incentrata su di lui. È automatico che inconsciamente, quando il compratore finale entrerà nel sito e vedrà la vostra Landing page, darà un valore incredibile al vostro prodotto proprio perché vendete solo quello, è una cosa inevitabile.

Inoltre avrete modo di prepararvi ad un business multimilionario.

Io per esempio ho iniziato ad aprire store in

Dropshipping, senza Private Label. Aprivo gli store, prendevo i prodotti dal grossista e vendevo ai clienti "cinesate". E allora invece di fare un multistore facevo uno store unico per ciascun prodotto. Costruivo la grafica attorno a quel singolo pezzo e ci mettevo 24/48h per creare dieci store per dieci prodotti diversi, dopo di che facevo comunicazione per tutti e dieci. Tutto ciò dava molto più valore al prodotto rispetto al general store in cui il cliente poteva entrare e trovare articoli diversi tra loro.

Quindi in sostanza quello che vi suggerisco di fare è questo: un brand, una grafica, un sito, una comunicazione. Tutto incentrato su quel singolo prodotto.

Ma facciamo una parentesi sulla **preparazione ad upsell cross**. Per preparazione si intende che se io inizio a ricevere vendite (qualsiasi modello di business io scelga) inizio a ricevere anche i dati delle persone che acquistano. A livello di ADV questo è molto importante.

Perché successivamente posso aggiungere prodotti molto simili e fare un upsell a quelle persone che hanno già comprato. Oppure posso iniziare a mettere prodotti di nicchia relativi sempre a quel prodotto. Vi faccio un esempio:

Comprate un pc e quando siete alla cassa i venditori vi dicono:

"Vuoi acquistare il mouse abbinato?"

"Se non acquisti l'adattatore per la presa usb non puoi usarla"

Ecco, in tutti questi casi vi stanno facendo un cross-sell che potrebbe essere anche indirettamente forzato (es. se non acquisti l'adattatore, non hai accesso alla presa USB e non puoi usare le tue pennette). Quello si chiama cross-sell. Molti brand monetizzano un sacco con gli adattatori per prese specifiche.

Oppure fanno upsell dando alla cassa un piccolo sconto per acquistare accessori aggiuntivi.

Il cross-sell è quando durante una vendita vengono intrecciati altri prodotti a quello che avete scelto.

Applicatela come strategia anche al vostro caso specifico. Su 100 persone, vedrete che un buon 30-40% dei clienti, acquisterà anche altri prodotti.

Cosa deve avere un prodotto vincente?

Vediamo le caratteristiche di base:

1. Innanzitutto deve avere una potenzialità virale. Quindi può essere un accessorio di qualcosa che già esiste e già è di per sé virale, oppure deve essere un qualcosa di pazzesco che richiama l'attenzione.

   Tutti voi ogni giorno vedrete, soprattutto sui social network come Instagram, prodotti che vi faranno esclamare:

   "No, vabbè, questo prodotto è assurdo! Che cos'è?"

   Ecco, questo è l'importante. Perché se voi notate quando fate un post su Instagram o su Facebook, se c'è un prodotto virale di mezzo, automaticamente le persone cominciano a condividere quel prodotto o taggare gli amici, perché è così assurdo che fa dire alle persone "No, oddio, guarda cosa si sono inventati", e praticamente fanno share e mettono like. Questo processo va a braccetto con tutti gli algoritmi di Facebook, di Instagram, di Google e di tutti i canali dove viene venduto il vostro prodotto. Ma la viralità è una garanzia anche a livello di sito!

Perché quando farete un annuncio su Facebook e ci sarà il link al vostro sito, quel link riceverà tante visite e automaticamente Google capterà che quel sito ha dei prodotti vincenti; anche a livello SEO e di indicizzazione lo metterà molto più in alto nel ranking. Questo avviene, in modo addirittura maggiorato, anche su Facebook e Instagram.

2. Deve risolvere un problema o un'esigenza

Anche questa è una cosa importantissima. Vi riporto un'esperienza personale. Ho aperto un sito in Dropshipping, tempo fa, su un tutore/calza che andava sul ginocchio per chi aveva problemi articolari. Ovviamente quel prodotto è un prodotto che risolve un problema molto frequente. È infatti è andato fortissimo. Un altro articolo che mi viene in mente è quello per la colonna vertebrale, un tutore che infilavi sotto la t-shirt per stare dritto con la schiena.

Con questi prodotti quando andate a fare pubblicità vendete tanto, perché fate pubblicità diretta a persone che soffrono di problemi alle ginocchia o alla schiena. Andate su Google, verificate quali sono tutte le problematiche articolari e le indicizzate in base al prodotto. Si vende bene anche su Instagram, perché se la persona X che vede il post ha l'amico Y che soffre di quel problema, lo tagga nell'immediato.

3. Deve avere un grosso potenziale di utenza

Conosco un ragazzo che ha fatturato nel 2017 più di un milione e mezzo con delle scocche in silicone per la custodia di una nota marca di auricolari Bluetooth. Con un articolo del genere non si risolve una problematica fastidiosa come quella alla schiena, ma si fa fronte a un'esigenza, perché la scatolina di quelle cuffie tendeva a rompersi con facilità e costava tanto. Queste scocche in silicone costavano davvero poco (circa 2-5€ dal grossista) e potevano essere rivendute a 15/20€. I vantaggi erano due: in primis quello di avere una valida alternativa ai case ufficiali, molto costosi; in secondo luogo quello di risolvere un'esigenza e di avere in mano un prodotto abbastanza virale, perché ai tempi quel prodotto era in trend.

Shopify intro

Parliamo ora di Shopify che, secondo me, è la miglior piattaforma attualmente esistente per fare e-commerce sia per quanto riguarda il Dropshipping, sia per quanto riguarda il Private Label, ma anche per chiunque abbia già un negozio fisico e voglia fare un upgrade.

Personalmente, ho iniziato utilizzando un po' tutte le piattaforme che erano in rete.

Ad esempio, io ho iniziato con Magento e ancora oggi mi porto dietro qualche prodotto, ma sto piano piano convertendo tutto in Shopify.

Shopify è una valida piattaforma per costruire e-commerce molto proficui.

Voi considerate anche che c'è un case study su Kim Kardashian che ha fatto oltre 1 milione di dollari con un solo rossetto, proprio su Shopify. Considerate inoltre che ci sono persone che fatturano anche 20/30 milioni l'anno o anche molto di più con un semplice sito fatto con Shopify.

La piattaforma è molto intuitiva. Ci si registra con email, password e nome del negozio.

Vi consiglio, prima di registrare l'e-commerce, di avere già in mente il nome del vostro store e del vostro brand così da creare anche una email dedicata che ne ricordi il nome. Una volta creato il sito, rispondete alle domande poste dalla schermata. Potete inserire quello che volete, dato che si tratta di semplici domande fatte dalla piattaforma per consentirvi di farvi pubblicità, le risposte non sono vincolanti.

Aggiungete infine un indirizzo per ricevere i pagamenti. Nell'esempio sotto sono presenti soltanto dati fittizi a scopo dimostrativo:

Una volta terminati i passaggi avrete creato il

vostro e-commerce. La piattaforma è molto intuitiva e adesso, step by step, andremo a vedere meglio come funziona.

Acquisto dominio

Innanzitutto vediamo un attimo i piani cliccando su "Seleziona un piano" in basso al centro, sulla barra blu:

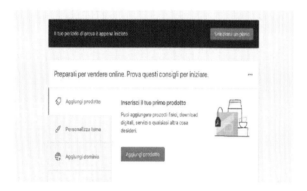

Per iniziare a vendere online su Shopify abbiamo vari piani, tra cui quello "Basic" che è ottimo. Consente di avere 4 sedi e 2 account staff. Calcolate che in un business fino ai 300.000€ questo piano va benissimo. È inutile passare agli altri due piani, che sono per business più avanzati.

Il piano base si acquista nel momento in cui mandate il sito online. Fino al momento in cui non avete tutto settato e pronto, avete 14 giorni di tempo, grazie alla modalità di prova offerta dal sito, per impostare il tutto. Non sprecate soldi in questa fase "morta".

Iniziamo dal dominio.

Il dominio è una cosa che di solito verifico PRIMA di pensare al nome del prodotto. Creo l'account Shopify con un nome fittizio e vado subito su "Acquista nuovo dominio". Poi incomincio a trovare lì stesso il nome. Questo perché? Perché dobbiamo vedere se è "libero". Infatti, non a caso, vi consiglio di non acquistare MAI domini del vostro e-commerce senza il **.com**. Non comprate mai **.it, .store, .eu**, o altro. Usate soltanto il **.com**.

Faccio una prova con "podsbooster":

Come vedete il dominio .com è disponibile, con 14$ l'anno lo acquistate. Cliccate e ve lo ritroverete, una volta acquistato, all'interno del vostro campo "Nome Dominio":

Shopify mi ha creato un suo dominio, ovvero podsboost.myshopify.com.

Tecnicamente potremmo usare anche questo, ma è invendibile, brutto da leggere. Se facessi un test e provassi a mettere due siti, uno con il dominio **.shopify** e l'altro con il dominio **.com,** automaticamente nel mio **.com** avrei un 20-30% di vendite in più, se non oltre.

Quando lo acquistate, lo collegate semplicemente al vostro store. Non c'è nulla di più semplice.

Sistemi di pagamento avanzati

Adesso voglio parlarvi di come gestire i soldi, come farsi pagare, dove ricevere i soldi degli ordini, ecc.

Se apriamo Shopify e andiamo su "impostazioni" - in basso a sinistra - e poi su "Gestore pagamenti", in base all'account vediamo questo:

Qui voi potete aggiungere tutti i metodi di pagamento che volete. Per esempio se volete mettere Paypal cliccate su "Attiva Paypal", il sistema vi chiederà di inserire l'e-mail. Vi voglio fare una considerazione per il Paypal. Io, personalmente, decido di metterlo soltanto quando sono sicuro che posso garantire al cliente quel prodotto e quella spedizione in tempi consoni, e che il cliente sarà felice. Ma soprattutto che ho a che fare con clienti adeguati.

Questo perché Paypal tutela in assoluto il consumatore finale, ma non tutela il venditore. Quindi dovete fare le vostre considerazioni. Non vi suggerisco di utilizzare Paypal, per esempio, se fate Dropshipping.

Un altro punto cruciale da considerare è che Paypal ha dei costi. Vi prende delle commissioni abbastanza alte. Io personalmente l'ho totalmente abolito da tutti i miei business, sia di Dropshipping che da tutti i brand che ho creato in Private Label.

Il gestore di pagamento che preferisco

(sicuramente vedete già tutti gli screen sul mio Instagram, che pubblico giornalmente) è un sistema di pagamento che si chiama Stripe. Lo trovate cliccando su "Scegli gestore di terze parti" in "Altri gestori dei pagamenti" e cercandolo dalla lista che vi viene fuori.

I metodi di pagamento sono veramente infiniti ed ogni gestore di pagamento vi dice cosa accetta. Come American Express, MasterCard, Visa, Amazon Pay ecc.

Prima considerazione: un problema che ho riscontrato dai pagamenti di gente che pagava con la carta (che poi volendo anche chi ha Paypal può pagare con la carta collegata all'account), è che la maggioranza delle carte sono MasterCard, ma molte persone hanno la carta di debito Maestro. Questo è un punto cruciale che sto riscontrando nei miei Private Label. Occhio a quanti circuiti è disposto ad accettare il gestore che sceglierete. Per adesso vi parlerò soltanto di Stripe perché è quello che utilizzo io stesso, personalmente.

Stripe non ha Maestro, ma ha dei sistemi di pagamento che per me sono veramente perfetti. Perché faccio dei Private Label soprattutto di tendenza. Vi faccio un esempio pratico: il cliente tipo di un mio Private Label è il cliente che acquista l'IPhone, che acquista le sneakers Easy, acquista Balenciaga, quindi un utente avanzato. Un utente che in molti casi ha Apple Pay e che quasi sicuramente ha una carta Visa, o MasterCard, o American Express.

Stripe è un sistema di pagamento che amo, è veramente validissimo. Ci cliccate sopra e vi comparirà una schermata con il "crea il tuo account". Entrate dentro al vostro account e non dovete fare altro che mettere il vostro IBAN e completare tutti i passaggi prestabiliti. È tutto guidato ed è molto semplice collegare il vostro gestore di pagamenti Stripe all'e-commerce.

Un piccolo appunto: sebbene io vi sconsigli Paypal, potete benissimo scegliere di utilizzarlo comunque. Io vi parlo di un'opinione personale. Anche Stripe ha delle commissioni, ma non alte come Paypal. Sembrano poche, ma se andate a verificare a livello numerico, a fine anno vi sembreranno tante. C'è stato un anno in cui ho fatto 250.000€ solamente di e-commerce e Paypal aveva preso una cifra veramente assurda. Lo evito anche per questo.

Ad ogni modo una volta collegato il vostro sistema di pagamento vi chiederete come funziona.

Non è nient'altro che il cliente che entra dentro al vostro shop, acquista, e voi ricevete i soldi direttamente o su Paypal o su Stripe. Su Paypal potete nell'immediato dirottarvi manualmente i soldi sul conto bancario, sulla carta o su quello che vi pare, mentre Stripe fa tutto in automatico. Vi arriva il pagamento su Stripe e nel giro di 24/48h ve lo ritrovate in automatico sul vostro conto corrente e il sistema invia la ricevuta al cliente finale.

Ovviamente quando vi iscrivete a Stripe mettete la vostra partita IVA. Il sistema fa tutto in automatico, senza intoppi. Ecco anche perché ve lo consiglio così tanto.

Spedizioni strategia

Ci sono alcuni trucchetti che voglio svelarvi.

Su Shopify, clicchiamo "Impostazioni" in basso a sinistra, come al solito, e andiamo a gestire le spedizioni.

Nella sezione "imballaggi" potete aggiungere l'imballaggio e fare le spedizioni per peso. Ma fate conto che non vi abbia detto nulla perché è un sistema che tanto non userete mai.

Clicchiamo su "Gestisci tariffe" nella prima box.

Ricordatevi che in fase di checkout i clienti possono selezionare una tipologia di spedizione. Possiamo creare delle tariffe sia domestiche per l'Italia, sia per il resto del mondo:

Come notate dallo screenshot, come

predefinita abbiamo la tariffa "Standard" settata su "Gratis" per l'Italia. Ignoriamola per un attimo.

Clicchiamo su "Aggiungi tariffa". Vi faccio vedere dei veri e propri trucchi di e-commerce che personalmente uso sempre:

In questa tariffa metto, di solito, sempre "Spedizione Veloce" o "Standard". Nel costo lascio "0", ovvero gratis. E la aggiungo.

Vado poi a lavorare sulla seconda opzione, che i clienti troveranno in fase di checkout.

Scrivo, di solito, qualcosa come "Spedizione Premium Assicurata (Spedizione Assicurata al 100%, inoltre se il tuo ordine verrà danneggiato o perso otterrai un rimborso totale)", nel costo metto "2€".

Ma dov'è il trucchetto? Ragazzi, la spedizione "premium" sarà TOTALMENTE la stessa. Questo ve lo dico sia per i prossimi acquisiti che farete online sia per quanto riguarda i vostri store in Dropshipping. È un'idea che avevo preso da un amico che ho negli Stati Uniti ed è geniale. Funziona veramente tantissimo.

Quando le persone acquisteranno nel vostro store un prodotto, mettiamo caso degli auricolari o la loro custodia, faranno l'acquisto, andranno in fase di checkout e si ritroveranno queste due spedizioni:

Spedizione in			Crea zona di spedizione
▌▌ **Domestic** Italy			•••

Nome tariffa	Condizioni	Costo	
SPEDIZIONE PREMIUM ASSICURATA (Spedizione assicurata al 100%, Inoltre se il tuo ordine verrà danneggiato o perso otterrai un rimborso totale)	—	2,00 €	•••
SPEDIZIONE STANDARD	—	Gratis	•••

Secondo voi, il consumatore finale, quale sceglierà tra le due? La prima, quella assicurata.

Psicologicamente il cliente avrà quasi il "dovere" di scegliere questa spedizione Premium, perché pensa: "sto spendendo 15€, preferisco spenderne 17€ e prendere la spedizione Premium".

Questo piccolo trucchetto mi consente di avere un profitto aggiuntivo sul prodotto. Perché se guardiamo a prodotti poco costosi, che noi paghiamo circa 1€ (+1€ di spedizioni), questi 2€ aggiuntivi che il cliente paga coprono, a voi, le spese totali del prodotto. E quindi il prezzo che vi ha pagato è già tutto profitto.

Questo è un piccolo trucchetto che uso sempre, ma vale un po' per tutti quanti. Inclusi i colossi del web. In linea di massima se vi trovate davanti ad una situazione del genere, è tutto quasi completamente marketing. Questa piccola strategia la potete applicare sia per le spedizioni in Italia, sia nel resto del mondo. Inutile dirvi di mettere sempre una spedizione gratuita: la spedizione per il consumatore finale DEVE essere gratis. Lasciate perdere il fatto che poi chi compra possa selezionare anche la spedizione a 2€, voi quella standard, gratuita, inseritela sempre.

Se vendete nel resto del mondo vi consiglio di fare spedizione standard gratis (tanto in Dropshipping non vi cambierà nulla, mentre in Private Label avrete solo pochi euro di differenza). E aggiungete, magari, invece di una Premium a 2€, una Premium a 3,99€. Io avevo testato anche i 4€ tondi e avevano funzionato, ma per essere sicuri optate per la prima opzione.

Ora mi sento anche di dirvi un'altra cosa: sto testando (e stanno testando anche delle multinazionali) il numero 4. Pare che a livello psicologico funzioni tanto quanto il 7 o il 9.

Quindi fate in questo modo: l'importante è che ci sia un 4 nei vostri prezzi. Inserite per esempio 3,94€ per le spedizioni nel resto del mondo mentre per l'Italia fate 1,94€.

Cercate di capire sempre come va su 10/100 persone che fanno l'acquisto. Su 10 persone almeno 5 sceglieranno la spedizione Premium e, su 100 persone, almeno 70 andranno con la spedizione Premium. State tranquilli, sono statistiche certe, è una cosa che vi posso assicurare.

Trovare prodotto e importarlo

Vediamo a livello pratico e in modo semplice, come fare Dropshipping in una maniera corretta e veloce.

Il Dropshipping si fa, in sostanza, con un'applicazione chiamata "Oberlo" (per arrivare allo store delle app, cliccate su "App" dalla dashboard del vostro Shopify: è l'ultima voce del menù di sinistra).

Una volta installata correttamente l'applicazione, dovrebbe comparirvi facendo un piccolo refresh di Shopify (sezione "app").

Ma come funziona Oberlo?

Andiamo su Aliexpress e vi faccio vedere all'atto pratico come importare il prodotto. Bisogna fare una scelta del prodotto. Innanzitutto vi consiglio di farvi un account su Aliexpress, registratevi.

Cercando un noto modello di auricolari, come vedete, la prima cosa che mi viene fuori sono le loro custodie:

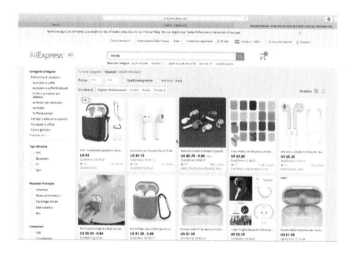

Non serve che io vi faccia una lezione su come ricercare un prodotto, vi racchiudo tutto in poche nozioni di base.

Innanzitutto quando cerco un prodotto e vedo, per puro caso, delle cose che mi piacciono, le salvo subito. Se ad esempio vedo un prodotto con una grafica molto minimalista, che mi piace tantissimo, vado sul prodotto e salvo le immagini o la pagina web.

Vado su Google e inserisco "Aliexpress Dropshipping center". Clicco sul primo risultato e accedo usando le credenziali di Aliexpress o registrando un nuovo account.

All'inizio, infatti, quando fate l'iscrizione su Aliexpress, il Dropshipping non ve lo darà in automatico. È un servizio in più che dovete attivare. Fate la registrazione per avere delle funzioni in più che non è che siano così importanti ma fanno comunque comodo.

Per farvi una piccola intro su come trovare il prodotto (ma soprattutto per trovare il fornitore adeguato) vi spiego come fare una breve ricerca. Torniamo a cercare le nostre cuffie e, subito sotto la barra di ricerca, clicchiamo "Ordine di -> Ordini".

Questo ci darà un'idea sulla richiesta del mercato. Come vedete, del primo prodotto sono stati venduti più di 12k pezzi. Del secondo più di 6k, del terzo più di 3k e via discorrendo. Questo vuol dire che, a prescindere dalle recensioni e tutto il resto, il fornitore è affidabile. Torniamo al prodotto che ho deciso di scegliere e che avevo salvato…come si importa?

Copiamo il link della pagina e andiamo su Oberlo. Clicchiamo "Search Products" dal menù di sinistra. Si aprirà una finestra pop-up. Incolliamo l'URL della pagina web appena copiata all'interno del campo "Product URL". Lo incolliamo e lo importiamo.

Andiamo in seguito, sempre dal menù di sinistra, su "Import List" e dovremmo trovare già il nostro prodotto.

Adesso abbiamo due problematiche:

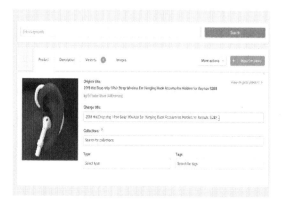

☐ I cinesi hanno il vizio di usare titoli lunghissimi, contenenti parole che non ci convengono. Ad esempio in questo caso è stato usato anche "Hot drop ship" all'interno del titolo, mentre l'unica cosa che i vostri clienti non dovrebbero sapere, quando fate Dropshipping, è proprio che state facendo Dropshipping. Lo cambio (in questo caso) in "Strap Wireless Hanging Hook".

☐ Dal menù in alto passiamo da "Product" a "Description". Ci troveremo davanti un editor di testo con un testo già preinserito. Cancellatela, perché non va assolutamente bene, e fate voi la descrizione del prodotto. Vi spiego un piccolo trucchetto. Torniamo sulla nostra import list alla sezione "product", copiamo il nome che abbiamo dato al prodotto (o copiamo l'abbreviazione del nome originale della scheda di Aliexpress) e andiamo su Google. Inserendo nella stringa la seguente query: "Nome prodotto + shopify" mi esce tutta una lista di siti che vendono il mio stesso prodotto in Dropshipping. Cercate un link che funzioni e che vi dia una buona impressione. Tecnicamente la descrizione potreste prenderla anche da Aliexpress stesso, ma preferisco fare una cosa abbastanza accurata.

- Se utilizzate la stringa fornita da Aliexpress, che voi troverete scritta in Italiano ma semplicemente perché tradotta con traslate, dovete procedere come segue:

Copiate la versione inglese della descrizione e fate sempre il solito discorso. Ricerca Google con nome in inglese + Shopify.

Personalmente, ho trovato un prodotto uguale con una buona descrizione. Ovviamente la ricerca la fate per i vostri prodotti, con calma. Decido di prendere TUTTA la descrizione e cliccare su Copia, includendo anche le varie immagini.

Ritorno nel mio Oberlo e, nella sezione "Description", incollo tutto. Nella descrizione prodotto sono assolutamente fondamentali le immagini. Se non trovate una descrizione con immagini o scegliete quella di un prodotto non identico ma sovrapponibile al vostro, le immagini ovviamente andranno prese direttamente dal fornitore. In quel caso torno su Aliexpress, apro la scheda del prodotto e salvo le immagini sul mio pc facendo una selezione. Anche quest'immagine, trovata nella scheda di Aliexpress stessa, potrebbe tornarci utile:

Perché descrive per immagini la funzionalità del prodotto.

Finito di dare un nome al prodotto e di inserire la descrizione, clicchiamo su "Variations", sul menù in alto. Ignoriamo il suggerimento automatico e inseriamo il nostro prezzo cliccando sui menù a tendina sotto "Price" e "Compared at price". Il primo sarà il prezzo finale che pagherà il consumatore (nel mio caso 14.94€), il secondo sarà invece un illusorio prezzo di partenza (nel mio caso 74€). Come vi dicevo in una scorsa lezione, utilizzo sempre il numero 4.

Oberlo calcolerà in automatico il profitto, che è quello che vedrete evidenziato in verde.

Considerate questa regola: se avete customers che vi acquistano a un prezzo inferiore, vuol dire che possono acquistare anche ad un prezzo maggiore. Inutile andare a mettere dei prezzi subito alti. Mettete dei prezzi abbastanza contenuti, con un buon margine, ed incominciate a testare a quel prezzo. Una volta che iniziate ad acquisire notorietà con il vostro brand potrete allora alzare i prezzi. È inutile che io testi il prodotto a 24€. Lo testo a 14,94€ e se vende aumento il prezzo.

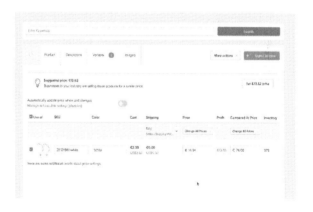

Terminato il discorso sulle varianti, clicchiamo in alto su "Immagini".
Oberlo avrà già importato tutte le

immagini da Aliexpress. State attenti perché spesso le immagini di Aliexpress hanno all'interno il nome del brand. Fate attenzione anche alle immagini come l'ultima in basso a destra:

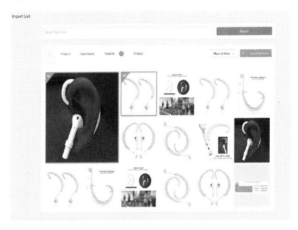

Di fronte ad immagini del genere è facile pensare che sia una "cinesata". Selezioniamo soltanto le foto che ci interessano. Occhio, per esempio, anche ai doppioni (seconda e quarta foto, per esempio) che vanno selezionati in un'unica copia. Importo le foto nel mio store selezionando e lasciando che

Oberlo faccia tutto in automatico.

Vado quindi su Shopify e faccio un'anteprima dello store (che ovviamente non sarà finito, ma con calma faremo tutto il resto). Visualizzerò il mio prodotto e cliccandoci sopra avrò una cosa di questo tipo:

Occhio all'immagine dell'anteprima: il sistema seleziona in automatico la terza, che noi non vogliamo.

Ottimizzate sempre il sito da smartphone, perché vi garantisco che farete praticamente tutti gli ordini proprio da telefonino.

Per cambiare l'immagine di anteprima andiamo su Shopify, entriamo sul nostro prodotto (da "Prodotti" del menù a sinistra, e poi cliccando sul prodotto in oggetto) e semplicemente trascino (dalla box "Immagini") l'immagine di anteprima scelta al primo posto, tenendo premuto e scambiandola con quella presente:

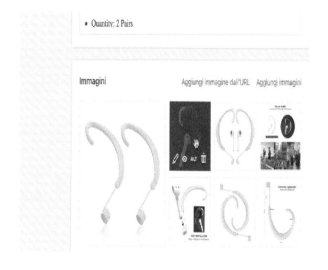

Se poi scendiamo nella scheda

prodotto, scorrendo fino all'ultima box vedremo una piccola anteprima della parte SEO, che Shopify realizza in automatico:

Anteprima inserzione per i motori di ricerca   Modifica SEO del sito

Strap Wireless Ear Hanging Hook
https://podsboost.myshopify.com/products/strap-wireless-ear-hanging-hook
FEATURE Design: Hook-shaped EarHooks hold your AirPods securely and prevents it from falling out. Ergonomic design ensures comfortable and secure fit for all people. Great for running, jogging, cycling, gym and other fitness activities! Material: EarHooks are made from Compact, Comfortable, and extremely durable light. .

Nelle prossime lezioni vedremo un po' come editare lo store e come gestire tutta la parte legale.

Design sito

Ho da fornirvi alcuni trucchetti per farvi capire come faccio, personalmente, a realizzare molteplici i siti in poco tempo e come faccio ad ultimarli in modo ottimale ma in tempi brevi. Pensate che agli inizi facevo almeno 10/15 siti a settimana. Ecco perché ho avuto modo di sviluppare una mia personale strategia.

Partiamo dal presupposto che la sezione "Temi" del nostro Shopify ci consente di agire in più modi. Per esempio cliccando su "Esplora temi gratuiti" ci ritroviamo davanti numerosi temi a costo zero che possiamo scegliere di sfruttare:

Voglio farvi presente una cosa: il sito è importante, ma non è tutto. La grafica può fare la differenza, ma vi assicuro che ho fatto grosse vendite anche su siti che erano veramente basic.

Ci tengo a farvi comprendere come, con pochi click, anche un tema super basic può assumere un aspetto professionale. Teniamoci dunque il tema di default preinstallato da Shopify e clicchiamo su "Personalizza":

Una volta entrati all'interno del template, da i tasti in cima alla pagina che vedete nell'immagine sotto, potete scegliere di visualizzare l'anteprima della versione mobile del sito o l'anteprima della versione per pc:

Una cosa che faccio molto spesso è quella di ottimizzare sempre il sito per mobile, perché il mio obiettivo è che il 90% delle vendite avvenga attraverso smartphone.

L'interfaccia è molto intuitiva. Sulla sinistra vi ritroverete tutti gli elementi della pagina e, cliccando su ciascuno, potrete scegliere di trascinarlo (spostarlo in un'altra area della pagina) oppure di oscurarlo o personalizzarlo:

Se per esempio clicco sulla prima voce ("Immagine con testo") mi appare un editor dedicato e posso inserire l'immagine che preferisco, cambiare il testo preimpostato o rimuoverlo, inserire dei link e via discorrendo, il tutto in modalità "drag&drop":

Di solito quello che faccio è disattivare quasi tutto (cliccando sull'occhio presente a lato di ogni settore):

E cliccare su "Aggiungi sezione" dalla lista che mi viene fuori seleziono la voce "Prodotto in evidenza" e clicco su "Aggiungi". Da qui, ancora, clicco su "seleziona prodotto" e metto in evidenza il mio prodotto, settandolo così:

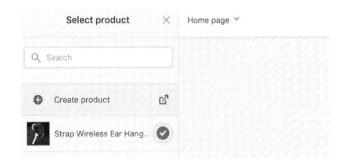

Clicco infine su "Salva", in alto a destra.

Apro una breve parentesi sul logo: potete crearlo in 5 minuti su Canva. È davvero semplicissimo. Andate sul sito, vi registrate (o accedete con il vostro account) ed effettuate l'accesso. Aprite un nuovo progetto, specificando che sarà ad uso personale, e cliccate su "Logo":

Vi ritroverete davanti l'editor con una miriade di modelli preimpostati che potete editare (oppure ricreare ex-novo):

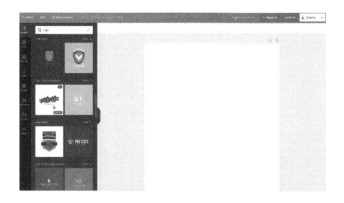

Per farvi capire quant'è semplice, creo un nuovo logo al volo. Da "Elementi" faccio una breve ricerca per trovare dei vettori che raffigurino un paio di auricolari:

Inserisco l'immagine scelta all'interno del progetto, cambio il colore delle cuffie dal selettore in alto, ne modifico la dimensione e le trascino a centro pagina. Dopo di che aggiungo il testo e sfrutto l'editor in alto per cambiare la dimensione, il font e il colore:

Una volta acquistato spariranno le linee presenti sugli elementi grafici e potrete utilizzarlo per il vostro sito web. Se non avete voglia di farvelo, vi ricordo che potete sfruttare Fiverr e farvelo realizzare per circa 5€.

Chiusa la parentesi relativa al logo, torniamo al nostro editor.

Una cosa che sfrutto moltissimo è l'Header, che nell'anteprima notate in blu, in cima alla pagina. Come vedete lo edito e scrivo un annuncio. Nel mio caso è "Solo per oggi spedizione gratuita". Oppure "Per le prossime 24h spedizione gratuita" e via discorrendo.

Modifico il colore dello sfondo dai tasti in basso, sulla barra di sinistra, e la rendo nera esattamente come il resto del sito:

Sistemando la homepage mi accorgo che a fine pagina è presente la dicitura "Realizzato da Shopify". Non mi piace. Per eliminarla vado sulla home del mio Shopify e clicco su "Azioni" e "Modifica codice":

Dalla barra di ricerca cerco il footer:

E ci clicco sopra.

Scorro il codice fino a trovare la stringa che mi interessa modificare:

Seleziono "Powered by link", in viola, e lo cancello. Nella stringa in alto potete vedere l'esempio, mentre sotto vi evidenzio il testo da cancellare:

```
>
class="grid_item{% unless social_icons %} medium-up--hide{% endunless %}">
all class="site-footer__copyright-content">&copy; {{ 'now' | date: "%Y" }}, {{ shop.name | link to: routes.root_url }}</small>
all class="site-footer__copyright-content site-footer__copyright-content--powered-by">{{ powered_by_link }}</small>
>
```

Ne vedete due semplicemente perché una è la stringa della visualizzazione da telefono, l'altra della visualizzazione da desktop.

Clicco infine su "Salva" in alto a destra.

Aggiorno l'anteprima del sito e, come potete vedere, la stringa (che prima si trovava all'altezza del puntatore del mio mouse) è stata rimossa:

Vi suggerisco di levarlo soltanto perché è brutto da vedere ed eventuali dropshipper potrebbero copiarvi il sito per intero.

Parte legale

Adesso lo step che stiamo per affrontare è relativo alla parte legale del nostro store online.

Come ben sapete la parte legale è obbligatoria, mi riferisco ai Privacy Policy, i *Terms of Conditions* e i *Refund Policy* per i rimborsi. Se dalla home Shopify clicchiamo su Impostazioni (in basso a sinistra) e poi, dalla pagina web che si aprirà, su "Legale", verremo reindirizzati ad una URL che contiene varie box/editor di testo da riempire.

Vi svelo quindi un altro dei miei trucchetti. Teoricamente dovreste rivolgervi ad un avvocato, anche internazionale, e farvi creare su misura per il vostro store la informativa sulla privacy, sui rimborsi, i termini e condizioni, l'informativa sulle spedizioni e via discorrendo. Questo processo vi costerebbe migliaia e migliaia di euro.

Cosa fare in questi casi? Andiamo su Negozio online->Temi, e poi vado su "Azioni" e su "Modifica Lingua" (dal menù a tendina"), esattamente come vedete nello screenshot qui sotto:

Dalla pagina in cui vengo indirizzato clicco poi su "Cambia la lingua del tema", in alto, sotto il titolo della pagina stessa e seleziono English dal menù a tendina della finestra pop up che si apre, in questo modo:

Una volta modificata e chiusa la finestra pop-up, clicco su Salva anche nella schermata principale, così:

Torno su impostazioni -> Legale, e sotto ogni editor di testo mi apparirà il tasto "Crea da modello". In sostanza Shopify mi dà la possibilità di creare subito tutte queste informazioni, che loro hanno già testato e che quindi vi tutelano, direttamente dall'editor. Con un click su ogni box il sistema vi crea tutta la parte legale:

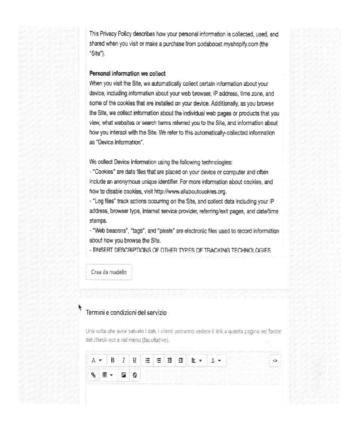

Tutte queste parti sono obbligatorie. Le creiamo e clicchiamo su Salva in alto a destra. Poi copiamo la URL della pagina e ne apriamo una copia in un'altra scheda del browser, in modo da avere aperte due pagine identiche. Così facendo potrò andare nelle mie pagine, cliccare su "Aggiungi Pagina", così:

Nell'editor di testo che comparirà, copiate una ad una (una per ogni nuova pagina) le sezioni presenti nell'editor di testo della parte legale del sito. Così:

Includete sia il titolo (da inserire per l'appunto nella stringa dedicata) che il testo. Ovviamente controlliamo tutto e gli diamo una lettura veloce, per sicurezza. A fine processo clicchiamo, per ogni nuova pagina, su "Salva" in alto a destra, così:

Successivamente torniamo indietro su "Pagine" -> "Aggiungi una nuova pagina" e ripetiamo il processo per ogni informativa che ci serve, ovvero "rimborsi", "privacy" e "termini&condizioni", sempre prendendo i testi dalla sezione "Legale" di Shopify.

Se vi siete chiesti "Il testo è in inglese, va bene anche per l'Italia?" non vi preoccupate. Vi basterà installare un'app che vi traduce tutto il sito completo in base alla posizione geografica in cui sarà il cliente finale che visiterà il vostro sito. Per cui vi tradurrà in un colpo solo tutto quanto: titoli, descrizioni prodotti, termini e condizioni.

Se notate, all'interno dei testi che stiamo copiando, Shopify ha inserito tutti i nostri dati inclusa la nostra email, basandosi sulle informazioni che gli abbiamo dato. Il testo è preformattato ma è su misura.

Con questo trucchetto abbiamo completato la parte legale del sito nel giro di qualche minuto.

Ovviamente queste pagine bisogna metterle all'interno del menù, soprattutto a livello del footer.

Andiamo, dal menù di sinistra della nostra home Shopify, su "Navigazione".

In linea di massima nell'e-commerce abbiamo due menù: il menù Header (quello in alto) e il menù footer (quello in basso). Clicchiamo su menù footer e, dalla pagina che si apre, su

"Aggiungi voce menù".

Nella finestra pop-up selezioniamo "Pagine" dalla seconda stringa, così:

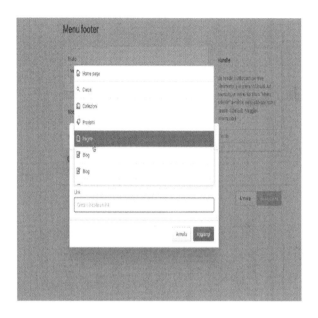

Si aprirà un sottomenù con le pagine che abbiamo creato:

Clicchiamo sulla prima e poi su "Aggiungi" (ndr: il processo andrà ripetuto con gli stessi passaggi per ogni pagina). Ci troveremo davanti un risultato di questo tipo:

Se le pagine risultano aggiunte in un ordine diverso da quello mostrato, sistemiamole nella sequenza suggerita semplicemente cliccando sulla piccola griglia di pixel di fianco ad ognuna di loro e trascinandole con un drag&drop nella posizione scelta. Selezioniamo infine "Salva Menù", in basso a destra.

Una volta editato il menù footer lo ritroveremo all'interno del sito. Basterà visualizzare un'anteprima del nostro e-commerce per notare che in basso avremo una cosa del genere:

Se fate fare questo lavoro a un avvocato finisce per costarvi migliaia e migliaia di euro, nonostante il vostro avvocato non faccia altro che mettere i vostri dati in un modello prestampato, esattamente come ha fatto Shopify in automatico e a costo zero. Questo è un trucchetto che uso per risparmiare un sacco di soldi.

Contatti

Una cosa fondamentale da curare all'interno

del sito è il modulo di contatto. Anche in questo caso, abbiamo dei piccoli trucchetti.

Se andiamo su "Pagine" e clicchiamo su "Aggiungi pagina" mettiamo come "Suffisso template", dal menù a tendina in basso a destra, "Page_contact", così:

Come titolo inseriamo la parola "Contattaci".

All'interno dell'editor di testo invece scriviamo una cosa come la seguente, tutta in maiuscolo:

"HEY!

SE HAI QUALSIASI TIPO DI DOMANDA PUOI

CONTATTARCI QUI SOTTO!

RISPONDEREMO ENTRO 24H"

Cercate di creare emozioni, usate per esempio il "tu" e i punti esclamativi. Salviamo la pagina e poi rechiamoci in "Navigazione", dal menù a sinistra:

La pagina contatti la andremo ad aggiungere sia nel menù footer che nel menù principale. Clicchiamo prima sul primo e poi sul secondo e dovrebbe comparirci una schermata come la seguente:

Clicchiamo quindi su "Aggiungi voce menù" e aggiungiamo la pagina dei contatti dal menù pop up che verrà fuori. Faccio lo stesso nel menù footer.

Nel menù principale edito "Home" con "HOME", tutto maiuscolo, ed elimino il catalogo. Clicco infine su "Salva menu".

Alla fine, verifico che sia tutto ok visualizzando un'anteprima del sito:

CONTATTACI

Come vedete, in modo semplicissimo avete creato il form dei contatti. Le email dei clienti vi arriveranno direttamente nella casella di posta elettronica che avete indicato durante la creazione del vostro shop.

Social Proof recensioni

Vediamo insieme come crearci una Social Proof (e dunque una buona reputazione con delle buone recensioni) prima ancora di partire con il nostro shop online.

Quello che faccio è andare sulle app di Shopify:

Tramite la barra di ricerca, cerchiamo e scarichiamo l'applicazione "LOOX" (che reputo essere la migliore):

Ve la suggerisco in quanto è davvero imbattibile. L'ho già testata e da quando ho iniziato ad utilizzarla mi è aumentato di almeno il 15% il profitto dell'intero store. Sia in Dropshipping che in Private Label.

Installo l'app, la apro e seleziono "Use for free" (costa 9,99$ mensili, ma avete 14 giorni di prova gratuita).

Premetto una cosa: alcune app sono a pagamento e vi costano 40/50€ mensili. Però quello che faccio io, per testare un prodotto, è fare tutto il primo giorno. Quindi creo lo store, inserisco il prodotto, se è in pre-order faccio attenzione ad inserire la data di consegna calcolandola correttamente. Siate sempre onesti con la vostra clientela, comunicate in modo genuino. Nell'ultimo anno ho fatto 340.000€ dai soli e-commerce, quindi non avrei problemi ad investirne anche 10k per fare i miei test, però è una cosa che continuerò a fare sempre, perché è un metodo di lavoro che funziona. Inizio a pagare l'applicazione solo nel momento in cui il prodotto frutta ed inizio ad incassare. Se in quei primi 14 giorni questo non avviene, taglio la testa al toro e chiudo lo store. Ne riapro un altro e testo un altro prodotto.

Apro Loox e mi ritrovo in automatico davanti alle prime impostazioni. Vado su "Settings", dalla barra in alto:

Clicco su "Display reviews" sulla barra di sinistra e mi sposto sulla voce "Review dates":

Questo campo corrisponde alla data di rilascio delle recensioni. Lo modifico in "Hidden".

Dalla pagina prodotto visualizzeremo una cosa di questo tipo:

Vi ho fatto selezionare "Hidden" perché le recensioni hanno un enorme potere sul cliente finale. Voi, prima di aprire lo store, dovete farvene almeno una decina, cliccando su "Write a review". Di conseguenza non vogliamo che appaia la data (perché verranno pubblicate tutte nello stesso istante e darebbero l'idea di essere dei fake). Potete sfruttare anche l'immagine di qualche recensione presa direttamente su Aliexpress, ma è importante che vi creiate un minimo di Social Proof iniziale. L'assenza di recensioni è uno dei tanti motivi per i quali molti dropshipper falliscono in partenza. Cercate di scrivere le recensioni che il consumatore finale vorrebbe leggere. Quelle che potrebbero spingerlo ad acquistare il prodotto. Come nome e cognome, all'interno delle recensioni, inserite un nome di fantasia mentre per il cognome limitatevi all'iniziale.

Ecco come appariranno una volta finite:

Se ci aggiungeste delle foto, inoltre, farebbero ancora più colpo.

Strategia Magnet store

Andiamo a vedere ora un'applicazione che mi sta aumentando notevolmente le conversioni e mi aiuta a non commettere errori. L'applicazione si chiama AfterShip, vediamola insieme:

Una volta installata, inserisco il nome del mio brand, la URL del mio sito, e il mio volume medio di vendite:

Brand Name	podsboost
Store Website	https://podsboost.myshopify.com/
	Url must start with http:// or https://. Use your company website if you don't have an online store.
Monthly Shipment	Less than 1,000

Come email di Customer Service, mettetene una creata ad hoc, (non la vostra personale). Anche perché, se notate, ogni app vi richiede un indirizzo email, ed è importante che questi sia lo stesso per ognuna di esse. Create una casella di posta dell'e-commerce e utilizzate quella in ogni area del sito.

Una volta impostata, la app vi chiederà di selezionare i corrieri che utilizzate. Attivateli tutti:

Dalla home di AfterShip, sfruttando il menù a sinistra, andate in "Apps" e poi in "Track button". Nelle caselle "Code #1/2" vi appariranno i codici dei vostri bottoni:

Quest'applicazione la utilizzo tantissimo perché voglio che i miei clienti vadano sul mio sito web e riescano a tracciarsi l'ordine direttamente da lì. Senza utilizzare i siti esterni dei corrieri. Un po' lo stesso principio che utilizzano le grandi multinazionali.

Vado dunque su "Pagine" e "Aggiungi pagina" (dalla mia home Shopify):

Le do come nome "TRACCIA IL TUO PACCO" (tutto in maiuscolo) e nell'editor di testo inserisco:

"HEY!

INSERISCI IL TUO TRACKING CODE QUI SOTTO PER POTER VISUALIZZARE IN TEMPO REALE IL TUO PACCO."

Clicco poi sul tasto con le < >, in cima a destra dell'editor di testo, così da visualizzarne il codice html:

torno un attimo su AfterShip e copio il primo codice, del quale parlavamo in qualche screenshot fa:

Successivamente, lo incollo all'interno dell'editor di testo (sempre settato su "HTML") della nuova pagina che stavamo creando.

Così:

Lascio uno spazio a fondo testo, torno su AfterShip e copio il secondo codice:

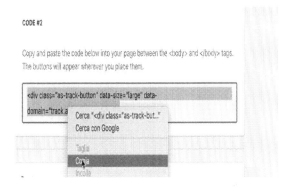

Torno al mio editor di testo, lo incollo nell'ultima riga e clicco su "Salva":

Dopo di che, torno sulla home Shopify, clicco su "Navigazione" dal menù a sinistra, seleziono la voce "Menu principale", clicco su "aggiungi voce" e dalla finestra pop-up che viene fuori, nella stringa "Link", seleziono prima "Pagine" e poi "Traccia il tuo pacco", così:

Clicco su "aggiungi" e infine salvo.

Il menù principale del sito conterrà adesso la nuova voce e, cliccandoci sopra, verremo reindirizzati alla pagina relativa ai tracking code, che abbiamo appena creato:

TRACCIA IL TUO PACCO

Shopify invia in automatico ai clienti il tracking code, ogni volta che fanno un ordine. I clienti potranno inserire il codice di tracciabilità nella stringa apposita e tracciare in diretta il pacco, visualizzando tutti i suoi spostamenti.

Questo è importantissimo per un sito fatto come si deve, perché l'obbiettivo è quello di far restare i clienti sempre all'interno del nostro store, senza reindirizzarli altrove (es. sul sito web del corriere) per visualizzare le info del tracking.

Creare un ecosistema h24 profittevole

Trattiamo adesso i primi rudimenti della pubblicità online. Tratterò l'argomento in modo piuttosto sbrigativo, in quanto negli ultimi tempi mi sono quasi totalmente sganciato dagli strumenti per le ADS e sto producendo introiti a costo praticamente zero.

Non sto più spendendo in pubblicità, ci sono arrivato in modo graduale ma condividerò con voi tutto quanto. Le mie strategie sono le strategie di molti colleghi, soltanto che nessuno ne parla e ve le espone in modo chiaro. Per quanto mi riguarda posso farlo senza problemi perché ho brand già ben avviati e non temo la concorrenza di nessuno. Vi parlerò dunque di metodi che vi consentono di fare soldi in modo rapido senza spendere soldi in ADS. Quello che personalmente sto facendo, è sfruttare per la pubblicità un unico social network, ovvero

Instagram.

Ovviamente, non potete lanciare un brand se avete zero followers sul vostro profilo Instagram. Vi si aprono dunque varie strade. La prima è quella di creare un account da zero, andare su un sito come per esempio Buzzoid (che ho già testato e vi garantisco che funziona), e comprarvi i followers. Nei miei corsi suggerisco di non comprare mai followers, ma questo perché, in moltissimi casi per generare introiti, ciò di cui abbiamo bisogno sono followers genuini e non account fake. In questo caso però, quello che vogliamo fare è soltanto lanciare il brand, e dunque "popolare" l'account per poter poi attirare il pubblico reale.

Vi suggerisco di comprare un minimo di 15/20mila seguaci.

In alternativa quello che potete fare è recarvi su siti web come Playerup che vendono a prezzi medio/bassi pagine Instagram già pronte. In passato, per fare cassa, mi capitava anche di acquistare sottocosto qui (parliamo di pagine dai 100k follower in su) e di rivenderle al pubblico Instagram reale contattando persone che potevano essere interessate, lucrando anche per un totale di 10 volte l'importo speso.

Perché vi consiglio proprio Playerup?

Perché all'interno del sito trovate pagine molto seguite a prezzi davvero bassi. Lasciate perdere le offerte troppo low cost ma, nell'ottica di cifre normali (es. 200$ per 100k follower) non state a badare troppo alla qualità. Tanto si tratta, sempre e in tutti i casi, di follower comprati. Quello che ci interessa non è avere un pubblico che interagisce ma semplicemente avere una base dalla quale partire per dare ai nostri utenti l'idea di un brand già "trendy".

Tra i siti web alternativi troviamo anche Insta-Sale, TooFame e Social Tradia. Gli altri non li conosco.

Parliamo un attimo di Affiliatly, un'app che mi sta consentendo di arrivare da 0 a 40k€ in meno di un mese su molteplici stores. Aggiungetela al vostro Shopify andandola a cercare nell'app market.

Una volta aggiunta, collegatela al vostro e-shop, seguendo la procedura guidata (semplicissima da portare a termine). Quando incollate la URL del vostro e-commerce, ricordatevi di togliere tutto ciò che è superfluo e di lasciare la URL "pura", così:

Attivatela in free trial.

Affiliatly serve, fondamentalmente, per creare i codici sconto da fornire ai vostri Influencers per pubblicizzare il vostro prodotto.

Quello che si fa di solito su Shopify, infatti, è utilizzare la apposita sezione "Sconti" per creare dei codici sconto da fornire agli Influencers interessati a collaborare con il brand.

Mettiamo caso che abbiate un negozio e vogliate chiedere a me di pubblicizzare il vostro articolo, inviandomelo a casa gratuitamente, e in seguito, invitarmi di chiedere ai miei followers di acquistarlo utilizzando il mio codice sconto, magari pagandomi un corrispettivo in denaro per quell'una tantum.

Per creare il codice dovreste, per l'appunto, entrare in "Sconti", cliccare su "Crea un codice sconto" e riempire il form:

Utilizzano quasi tutti questo metodo, mentre quasi nessuno sfrutta Affiliatly.

Vengo contattato anch'io per proposte di collaborazione del genere almeno 6 o 7 volte al giorno, ma rifiuto sempre perché non mi interessa guadagnare in questo modo, dal momento che ho già un mio pubblico abbastanza solido di ragazzi che vogliono imparare a fare e-commerce. Sappiate però che, in linea di massima, le persone sono sempre ben felici di guadagnare per mezzo dei social, dunque non dovreste avere problemi nel trovare Influencers disposti ad abbracciare il vostro progetto.

Affiliatly ad ogni modo consente di fare la stessa identica cosa (quindi create il vostro codice sconto su Shopify, dopo di che lo ricopiate e lo inserite all'interno del gestionale di Affiliatly) ma prevede alcune differenze importantissime. L'Influencer che accetta la collaborazione potrà infatti iscriversi a sua volta al sito utilizzando il vostro referral code e, oltre al codice sconto, avrà anche una URL da inserire in Swipe Up nelle sue storie. Potrete dunque proporgli una collaborazione in percentuale. Scrivendogli, per esempio, che non riceverà dei soldi immediati (quell'una tantum di cui parlavamo prima) ma bensì delle percentuali sugli acquisti che i suoi followers faranno sfruttando il suo link personalizzato oppure il suo codice sconto. In questo modo la vostra proposta diventa molto più appetibile, perché non offrite un fisso ma bensì una possibilità di guadagno costante. Non ponetela come se fosse un secondo lavoro ma, nel contattare i vostri potenziali influencers, cercate di sfruttare termini come "Ambassador"&co, per rendere meglio il concetto della collaborazione a lungo termine.

Vi sconsiglio di puntare su Influencer grossi. Puntate piuttosto sui microinfluencer. Questo perché:

1) sono meno selettivi, sono ancora agli inizi e vanno cercando fonti di guadagno simili anziché scartarle

2) hanno voglia di avere nuovi contenuti da caricare sul loro profilo

3) non dimentichiamoci che voi avete acquistato una pagina con 200/300k

follower all'interno. Questo verrà visto dal microinfluencer come una possibilità assurda di farsi pubblicità a sua volta, fosse anche solo per il fatto che le sue storie verranno ricondivise da voi, che avete un pubblico più ampio del suo

Questa strategia funziona benissimo e consente di creare un ecosistema che finisce per risultare profittevole 24h su 24h e il tutto a costo zero, ma non solo. Vi consente di tenere attivi i vostri canali social (semplicemente perché non avete bisogno di prendere il vostro prodotto e andare a farne degli shooting in giro ma sfrutterete voi stessi il materiale pubblicato dai vostri Influencer. Saranno contenti loro, e sarete contenti anche voi.

Facebook Ads generale

Continuiamo a parlare di pubblicità.

Abbiamo affrontato a dovere la questione relativa al pubblico; vediamo adesso come creare le ADS vere e proprie. Dalle impostazioni del nostro Business Manager di Facebook, clicchiamo su "Gestione Inserzioni", come indicato dallo screenshot:

Come vedete, la schermata è vuota.

Clicchiamo su "Crea", in alto a sinistra:

Ci apparirà questa schermata:

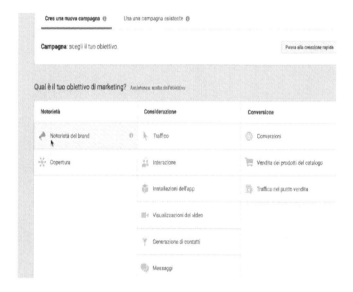

Dietro ognuno degli obiettivi che leggete in tabella, c'è un diverso algoritmo che Facebook utilizza. Non voglio farvi un corso sulle Facebook ADS perché non vi farà fare cassa velocemente, sono cose che avvengono nel tempo. Il mio obiettivo è quello di parlarvi soprattutto dell'Influencer Marketing perché è la strategia che funziona meglio e che io, e tantissimi miei colleghi, soprattutto all'estero, sfruttiamo per lanciare i nostri business e costruire una solida Social Proof.

La prima cosa che faccio è dunque dedicare un bel po' di tempo agli Influencer. Una volta incassati i primi ordini e creato un certo engagement, vado a cliccare su "Conversioni", dalla terza colonna della finestra in screenshot.

Creo un test A/B: grazie a questa funzione, Facebook vi crea due ADS similissime tra loro ma non identiche, le testa e "spegne" quella che converte peggio, lasciando attiva soltanto la migliore. Clicco su "Configura":

Conversioni

Fai in modo che le persone eseguano azioni importanti sul tuo sito web, nella tua app o su Messenger, ad esempio aggiungere informazioni di pagamento o effettuare un acquisto. Usa il pixel di Facebook o gli eventi nell'app per monitorare e misurare le conversioni.

Nella schermata successiva, lascio tutto impostato su Italia/Euro:

Clicco su "Continua".

Dalla schermata seguente, modifico l'obiettivo di conversione in "Acquisto" (perché è in quella area del sito che voglio aumentare il traffico); l'importante è dunque che selezioniate qualcosa che abbia a che fare con la fase d'acquisto o checkout:

Scelgo di creare una campagna di "retargeting", ovvero seleziono come pubblico di destinazione, la fetta di utenti che avevano già visitato il mio sito in passato:

Questo significa che l'annuncio verrà visto soltanto da chi conosceva già, in qualche modo, il mio sito web.

In "Piattaforme" seleziono Instagram e scelgo di spuntare la casella "Feed" e di deselezionare la casella "stories". Scorro la pagina e, alla sezione "Budget", prevedo un tetto massimo di 10€ al giorno:

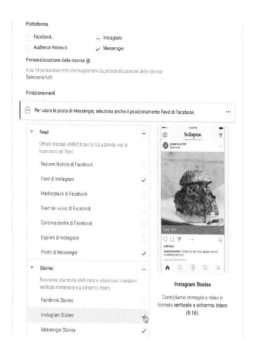

Clicco su "Continua" e vado a selezionare il nome dell'account aziendale sul quale sto lavorando, così:

Più in basso vado ad editare con calma la parte creativa della ADS, dedicandole un po' di tempo. È un passaggio molto importante. Considerate che stiamo lavorando su campagne di retargeting, dunque dobbiamo sforzarci di creare qualcosa di particolarmente accattivante perché quello che stiamo cercando di fare è portare al nostro sito persone che l'hanno già visitato in passato ma che per un motivo o per l'altro non vi si sono soffermate. Una volta concluso tutto, confermo e inserisco i dati di pagamento per lanciare la campagna.

Come scegliere un Influencer adatto

Vediamo come scegliere i nostri Influencer.

• Innanzi tutto dovete prenderli dalla sezione "explore". Se andate nella homepage di Instagram, nella sezione della lente di ingrandimento, vi appariranno le persone che sono molto amate dall'algoritmo. Questa è una cosa importantissima, poiché vi farete una prima impressione sulla qualità dell'Influencer, se ha o meno likes o followers poco genuini (dunque comprati), ma soprattutto se i suoi contenuti sono ritenuti validi dal pubblico che popola Instagram.

• Non fate una cosa sbrigativa, perdeteci un po' di tempo e individuate l'Influencer che volete contattare. Scrollate all'infinito: ovviamente lo dovete trovare in base alla vostra nicchia. Non è che a un Influencer fitness potete far pubblicizzare gli auricolari. Così come a un Influencer travel non potete fare pubblicizzare un prodotto che non c'entra niente con la sua nicchia. Perché comunque i followers appartengono a quella determinata area d'interesse. Se un Influencer ha un pubblico fitness allora andrà bene per i prodotti fitness, o al massimo fashion e così via.

• Controllate tutte le collaborazioni che hanno avuto in precedenza. Di solito, se sono Influencer grossi, contatto le aziende con cui hanno collaborato e chiedo loro proprio se quell'Influencer è buono o meno. È una cosa un po' spiacevole ma io la faccio, perché comunque non mi costa tempo: vado su Fiverr (o Upwork) e delego, a 10€ al giorno, persone che fanno proprio questo al posto mio.

• Contattate l'Influencer sia in direct che via email. Non contattate persone solo in direct o solo via email, perché nella maggior parte dei casi la persona o vede solo i direct o vede solo le email. È raro che, soprattutto i micro Influencer, guardino le email. Però è anche vero che con l'algoritmo attuale di IG non potete inviare più di un tot di direct al giorno. Quindi magari inviate 30 richieste di direct e di email tenetevi invece anche sulle 100/150 al giorno.

• Analizzate i profili su Ninjalitics. Prendete il profilo (username IG), andate su Ninjalitics e controllate se l'engagement rate è in verde, quindi se la differenza tra commenti e like è buona. Controllate che non ci siano picchi esagerati di nuovi follower. Quello è un dato fondamentale che in sostanza ci potrebbe anche dire che in quel periodo l'utente ha fatto un acquisto di follower perché magari era in calo. Mentre a noi interessano le interazioni genuine.

Prima di ogni collaborazione io chiedo sempre i dati Analytics.

Contatto l'Influencer e gli dico "Guarda, per accettare questa collaborazione ti prego di inviarmi gli screenshot dei tuoi dati insight".

Mi faccio dunque inviare le prove delle "impression" che ha in una settimana, dei "click" su un eventuale sito web che possiede, di quante "visite al profilo" ha a settimana.

Vi fornisco dei numeri indicativi di un microinfluencer per farvi un'idea: considerate che se un microinfluencer non ha almeno 100.000 impression a settimana vi conviene cancellarlo subito. Stessa cosa: se un microinfluencer ha meno di 5.000 visite al profilo a settimana eliminatelo, perché sono troppo poche e non va assolutamente bene.

Social Proof la svolta

Mi voglio soffermare nuovamente su un punto cruciale del vostro business: la Social Proof.

Come spiegato in precedenza, la Social Proof è la svolta assoluta per ogni business. Mi raccomando, se contattate degli Influencer chiedete sempre loro di ri-postare (anche più volte) nelle storie i vostri prodotti.

Incentivate le condivisioni, anche da parte dei clienti, offrendo loro dei vantaggi. Con sistemi del tipo:

"Se utilizzi il nostro prodotto e ci tagghi ti regaliamo un codice sconto per il prossimo acquisto"

Potete farci sopra anche un cross-selling o un upsell.

Usare le grafiche dei vostri clienti sarà uno step che vi porterà a un successo enorme.

Ovviamente quando loro condivideranno un vostro prodotto nelle storie, voi fate un repost di tutto quanto. In questo modo, a costo zero, avrete del contenuto da pubblicare. Inoltre si tratta di contenuti realizzati dai vostri clienti o dai microinfluencer. In questo modo le vostre vendite aumenteranno notevolmente.

Fate repost continui. Quando l'Influencer andrà a postare un vostro prodotto, taggandovi, mentre lo utilizza, voi quel post lo rimettete come post all'interno del vostro feed di Instagram, in modo tale che potrete taggare anche la persona (il microinfluencer, in questo caso) così che le persone che entreranno nella vostra pagina come brand possano vedere che persone molto seguite in rete stanno utilizzando il vostro prodotto (perché parliamo comunque di Influencer con 200k/300k follower di media).

Questo è un altro sistema per fare vendite facili. Quando visito una pagina da anche 100k follower, ma entro al suo interno e mi rendo conto che il prodotto è un trend e lo utilizzano persone molto influenti, automaticamente inizio a desiderare di avercelo anch'io e corro ad acquistarlo.

È una cosa anche scientificamente provata. Funziona e tutti i brand, anche i più grossi, utilizzano queste strategie. Addirittura anche American Express sta investendo nell'Influencer Marketing.

Aggiungo una piccola parentesi sul cosiddetto "Link in bio". Anche questo è molto importante.

Se riuscite, dalla collaborazione con un vostro microinfluencer, provate ad ottenere anche questo. Ditegli che se inserisce il link del prodotto in bio ovviamente ci guadagna di più (e guadagnate anche voi) poiché ha il suo link da affiliato all'interno della sua homepage ed ha delle percentuali su di esso.

Temi pro

Nel tempo, ho collezionato una serie di temi premium per Shopify (tutt'ora acquistabili in sconto digitando il link https://lukvalori.clickfunnels.com/optin3280984 9)

Vediamo come funzionano.

Nella home Shopify, sezione "Temi", abbiamo le seguenti scelte:

Potete utilizzare i Free Themes messi a disposizione da Shopify oppure acquistare quelli PRO dallo store.

Quelli che vi metto a disposizione io, sono dei temi premium che hanno un valore di migliaia e migliaia di euro. Si caricano dal tasto "Upload Theme". Cliccandoci si aprirà una schermata e potrete aprire la schermata esplora risorse e selezionare il pacchetto appena acquistato (direttamente in file .zip, con all'interno tutti i temi che ho messo a vostra disposizione):

Una volta che l'upload sarà completato, la vostra interfaccia apparirà così:

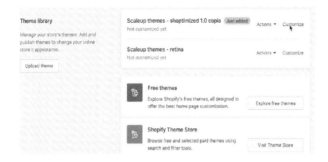

Cliccate quindi su "Customize", come indicato nello screenshot stesso e vi troverete davanti al vostro tema da modificare.

Ce ne sono veramente tantissimi e potete editarli su misura per il vostro shop e customizzarli a vostro piacimento. Ne avete all'incirca una ventina. Di base, comunque, sono tutti già preimpostati:

Next level

Warehouse

Mi avete fatto molte domande per quanto riguarda il Dropshipping classico, ma anche per quanto riguarda il Private Label.

Come abbiamo più volte detto in passato, ci possono essere delle problematiche relative alle spedizioni, a come fare per brandizzare il prodotto, a come fare a spedirlo in modo più rapido, ecc.

Vi parlo quindi oggi di uDroppy. Si tratta di un'azienda della quale conosco i proprietari e che considero veramente eccezionale. Ma come funziona?

In sostanza uDroppy va a sostituire la funzione di Oberlo. Possiedono delle warehouse in tutto il mondo e offrono vari servizi, alcuni dei quali veramente molto validi.

Innanzitutto, collegarlo a Shopify è semplicissimo:

Dalla schermata che vedete qui sopra vi basterà inserire il dominio del vostro shop (es. myshop.myshopify.com. Cliccate su "Connect" e in automatico vi apparirà su Shopify come se fosse un'app, esattamente come Oberlo.

Ovviamente loro hanno un catalogo prodotti ma dentro non ci troverete di tutto. C'è comunque un lavoro di selezione a monte e cliccando su ogni singolo prodotto potete visualizzarlo nel dettaglio.

Tra l'altro aprendo il prodotto e visualizzando le specifiche potete leggere anche tutto ciò che concerne i tempi e le spese di spedizione. Come vedete dallo screenshot, sono comunque ragionevoli rispetto ad Oberlo, che ci mette veramente tanto. Si parla di 9-15 giorni ma in genere arrivano anche entro una settimana. C'è inoltre il prezzo di spedizione per tutti i paesi, tutti quelli in lista vengono gestiti direttamente da loro.

L'azienda tra l'altro è molto forte perché vi è una chat di assistenza dedicata grazie alla quale potete mettervi in contatto con il vostro manager, che gestisce tutto quanto relativo al vostro profilo. Vi parlo un po' delle funzionalità:

- Potete fare stoccaggio con loro: dunque potete contattarli, inviargli il link del vostro prodotto e ve lo cercano direttamente tramite i loro contatti e le loro aziende. Vi fanno anche le quotazioni. (es: se vuoi 200 pezzi ti costa tot; se li vuoi brandizzati ti costa tot e via di seguito).

☐ Potete fare anche Dropshipping classico: gli date il link del prodotto, loro ve lo aggiungono nel catalogo interno e da lì, proprio come se fosse Oberlo, lo potete importare all'interno dello shop.

I manager sono organizzatissimi e l'azienda ha davvero tante warehouse in tutto il mondo.

Inoltre se andate qui:

("Request a new product")

("Request a new product"), potete anche inserire la ricerca del prodotto, mettere l'URL di Oberlo e via discorrendo. Ovviamente dopo aver aggiunto il vostro shop a uDroppy. Una volta ricevuti gli ordini ve li troverete tutti all'interno della stessa finestra, nella sezione "Orders":

In sostanza, la persona entra nel vostro shop, acquista, voi cliccate sull'ordine, inviate il pagamento a uDroppy e loro gestiscono la spedizione.

Ma la cosa forte del sito è davvero il fatto di avere qualcuno sempre a vostra disposizione che vi fornisca l'assistenza necessaria.

Un'altra funzione interessante che hanno lanciato da poco è il COD, ovvero il pagamento alla consegna, in vari paesi. Quindi se volete avere un prodotto sia in Dropshipping che in bulk e desiderate avere il pagamento alla consegna, loro fanno anche questo, sebbene prendano giustamente delle commissioni (quindi calcolate bene i margini di prezzo).

Legalmente, cosa faccio?

Legalmente cosa fare: consigli

In questa lezione posso, vista l'alta richiesta, trattare gli e-commerce dal punto di vista legale.

Parleremo di come fare e-commerce, come spostarsi all'estero e via discorrendo.

Premetto, prima di tutto, che non sono un commercialista né un avvocato fiscalista internazionale. Ma ho dalla mia una grossa esperienza in merito e posso permettermi di darvi qualche dritta.

Mi rivolgo soprattutto ai giovani (o alle persone che non hanno mai fatto attività di nessun tipo) e vogliono iniziare. Se si tratta di prestazioni di beni e servizi, commercio o vendita al dettaglio, non cambia assolutamente nulla che si lavori online o offline. È la stessa identica cosa.

Considerate prima di tutto che in Italia è necessario aprire una partita IVA. Vi sconsiglio di svolgere attività in nero, non va bene. Se siete residenti in Italia e avete la vostra attività in Italia, dovrete pagare le tasse in Italia. Punto. Non ci sono altre soluzioni.

In Italia esistono dei regimi forfettari o a tasso agevolato, che vi consentono (fino ai 65.000€ l'anno) di risparmiare qualcosa. Teoricamente, se anche superaste quei 65.000€ in quell'anno rientrereste sempre nel regime forfettario, pagando in sostanza poche tasse. Avrete pur sempre le spese dell'INPS ma sarete, almeno, agevolati dal punto di vista fiscale.

Se superate la soglia massima l'anno successivo passerete in automatico ai regimi ordinari, molto più sconvenienti.

Per chi desidera aprire una società è un po' più complesso: le tasse sono molto alte. Aprire una società in Italia è quasi diventata una moda. La cosa che vi consiglio è di aprire una partita IVA a regime forfettario. Potete farla anche online, costa poco. Ovviamente avrete dei problemi con il commercialista, questo perché la maggior parte dei commercialisti tradizionali, di commercio online capisce poco. Vi suggerisco quindi di rivolgervi direttamente a professionisti online, che si pubblicizzano in rete e di conseguenza masticano meglio gli argomenti di vostro interesse. Con una buona ricerca trovatevi un professionista in gamba.

Aprite quindi la vostra partita IVA. Non ricordo bene i costi ma variano sui 70/200€. Ovviamente poi dovrete pagare l'IVA e fare regolarmente le fatture.

Io sono nato a Lussemburgo. Ho la cittadinanza italiana ma sono nato qui, la mia società è qui ed ho anche la residenza fiscale. Quindi pago in Lussemburgo, ma l'IVA, ad esempio, la verso anche io in Italia. Abito in Lussemburgo ma non sono agevolato, non vivo in un paese in black list.

Il fatto di andare a vivere nei paesi off-shore, in black list, non ha poi tutto questo senso. Vi consiglio di farlo soltanto se ci sono grossi volumi d'affari. Se invece avete iniziato da poco e state facendo i vostri primi profitti, non ha senso. Le tasse alla fine le pagate comunque. Dubai per esempio ha un paio di problematiche di tipo bancario: dovete restare 10 anni lì, avete alcune difficoltà ad aprire il conto corrente ecc.

Anche se inferiori all'Italia, le tasse in Lussemburgo sono comunque tante. Ma almeno le pago e sto tranquillo. Ho diverse società e conti correnti in tutto il mondo.

Per quanto riguarda e-commerce, consulenze, Instagram e via discorrendo, partite con IVA. Se incominciate a fare 1000/2000€ va bene. Ma quei soldi che avete fatto dovete comunque dichiararli ragazzi, non si scappa.

Lo step ideale sarebbe aprire la partita IVA (vi sconsiglio la società: a meno che non facciate

100.000€ l'anno, non vi conviene).

State veramente attenti a queste cose, perché il mondo del digitale è sempre più tracciato!

Dimenticatevi le VPN e quelle tecniche così. Alla fine verrete beccati comunque, se non subito, l'anno successivo. Ve lo sconsiglio.

Ed è normale, giusto. Le tasse vanno pagate, anche se sono alte.

Se invece volete uscire dall'Italia, sappiate che per il nostro stato dovete stare almeno 6 mesi fuori prima di potervi permettere di non pagare le tasse italiane.

Come essere più visibili: strategia

Story

Voglio farvi una breve intro per spiegarvi alcune cose.

Si tratta di tecniche che già esistevano ma che ho modificato personalmente per adattarle ai miei business.

Come ben saprete io ho molto successo soprattutto su Instagram e di conseguenza vanno benissimo anche i miei e-commerce. Ma perché? Perché sfrutto Instagram e anche altri social network per portare visibilità ai miei shop.

Io ho sempre parlato male dei bot, in quanto testandoli, mi sono reso conto delle svariate problematiche conseguenti al loro utilizzo. Avevo capito fin da subito che non funzionavano (su Youtube trovate diversi case study).

Qualche tempo fa però, l'algoritmo di Instagram ha fatto un ban di tutte le automazioni. Ovvero follow/unfollow, like/unlike, DM automatici e via discorrendo.

Questo ha portato le persone (inclusi i programmatori) a cercare altre soluzioni.

Parliamo delle Ig Stories: sono più indirizzate ad un pubblico di giovani, che non hanno tempo, fanno mille cose insieme e riescono a scorrere le stories più velocemente, mentre i post ricevono più traffico dagli "anziani".

Ecco quindi perché sono nati i bot automatici che visualizzano le storie. Avevo parlato male anche di quelli perché ne avevo provati due in Italia e tre all'estero e avevo notato che cambiava poco. C'era un numero maggiore di impression per i primi 2/3 giorni, ma poi il profilo andava in shadow ban.

Visto che collaboro tantissimo con la Russia

sono stato contattato per caso un po' di tempo fa per provare un bot che non conoscevo. Pensavo fosse l'ennesimo bot poco valido ma ho voluto incontrare i programmatori. Mi hanno fatto vedere i loro dati e ho fatto i miei primi test su 20/30 profili. L'ho testato da profili sia piccoli (20k) che grandi, fino ai 5miL di follower.

Ho notato che questo nuovo bot andava bene. Aumentavano le story views, i DM e le reach al profilo e la cosa rimaneva stabile a lungo termine. Effettivamente dopo qualche messa a punto di programmazione (loro) e proxy siamo riusciti a trovare un compromesso.

Vi parlerò a breve anche dei risultati e delle conclusioni di quest'esperimento.

Story Beast!

Vi presento, finalmente, @Story Beast.
(https://story-beast.com/optin32465168)

Il bot sperimentale sulle story views che ho testato e messo a punto personalmente.

Siamo arrivati ad ottenere risultati eccellenti su profili personali e business. Questo bot visualizza da 1miL fino ai 5/10miL di storie al giorno. È tutto documentato e i risultati si vedono dal primo istante.

Ma a chi è adatto? Inizio col dire che Story Beast non è un bot low cost. Non è un bot adatto a chi ha un budget molto basso. Se avete questo genere di problematiche non fa per voi.

Questo è un bot adatto soprattutto a chi sta guadagnando, ha soldi da spendere e vuole semplicemente aumentare la propria visibilità e far crescere il proprio business. I prezzi sono i seguenti:

I prezzi sono sicuramente elevati, ma c'è dietro più di una ragione. Io e un socio abbiamo personalmente investito 70.000€ per la realizzazione. Alle spalle del bot c'è un team di 7 persone, il software, la persona che ce l'ha fatto, i proxy che cambiano in continuazione e via discorrendo.

Questi sono i risultati che abbiamo portato su alcuni nostri profili e su altri che abbiamo gestito:

Dati statistici ⓘ

153.881

Account raggiunti in questo intervallo di
tempo:
17 settembre - 23 settembre

					60,1 mila	61,9 m
	15 mila	16,5 mila	21,6 mila	32,2 mila		
3,5 mila						
mar	mer	gio	ven	sab	dom	lun

Copertura 153.88

+4393 vs. 10 settembre - 16 settembre

Impression 688.15

-51.492 vs. 10 settembre - 16 settembre

Guardate le statistiche: siamo partiti martedì da 3,5 mila impression e installando il bot in pochissimi giorni c'è stato un picco impressionante. Ovviamente senza che sul profilo in questione venisse postato nulla.

Mi ha portato ad una crescita abnorme anche sul mio profilo Instagram personale:

Ovviamente la crescita è solo ed esclusivamente in target. Questo è possibile perché agiamo in modo preventivo facendo una piccola analisi del profilo e dell'obiettivo del cliente.

Questo cosa vuol dire? Vuol dire che se sei un brand o un negozio fisico noi andremo a dire al bot di visualizzare le storie di profili che sono inerenti al vostro profilo o al vostro tipo di mercato.

Questo è un prodotto di nicchia ed è disponibile solo per i miei studenti e, ovviamente, per tutti coloro che hanno fatto consulenza ai ticket con la mia società. Non lo renderò pubblico.

L'ho testato anche su attività molto grosse e su brand già avviatissimi, anche private label. Vi farò vedere anche che picco di vendite ha avuto lo store dopo aver implementato questo story views.

Ovviamente questo è un servizio sartoriale: ecco perché lo rendo disponibile per poche persone (1000/1200 studenti). Il pagamento non è un abbonamento: acquistate il servizio, fate la prova per un mese e ogni mese successivo decidete se rinnovarlo manualmente o meno, senza obblighi.

È disponibile per un numero limitato di utenti

perché essendo un servizio su misura l'attivazione è complessa. Una volta effettuato il pagamento verrete contattati su WhatsApp (occhio dunque a inserire il numero di telefono corretto in fase di pagamento) e dovrete fornirci la password del vostro Instagram. A quel punto dovremo stare in contatto WhatsApp per 10/15 minuti al fine di attivare il servizio. Da lì in poi ci aggiorneremo sull'andamento man mano, sempre su WhatsApp.

Scale up store

Brand in Magento

Parliamo di un mio brand e analizziamo il pannello di seguito:

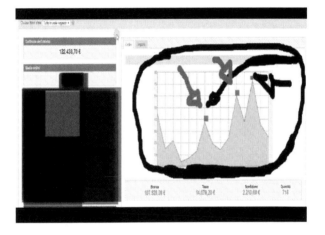

Questo è uno store che ho fatto in Magento circa un anno fa. Vi ho fatto uno screen, cancellando ovviamente i dati relativi ai prodotti e ai prezzi a cui vendo.

Perché l'ho fatto? Per dare una risposta a tutti voi che mi chiedete sempre di tasse, spedizioni e altre spese da affrontare. Sotto, in basso, potete vedere le mie entrate e uscite. Attraverso delle codifiche, il pannello mi calcola tutto, dalle tasse alle spese di spedizione totali, è completamente automatizzato.

Vorrei mostrarvi, nell'ultimo periodo, il grosso picco che ho avuto all'interno del mio shop. Come sono riuscito ad ottenere una così alta visibilità? Semplicemente installando lo Story Views all'interno dell'account Instagram e facendo un po' di pubblicità all'interno di TikTok, che ha portato un bel po' di pubblico extra.

Molte persone mi chiedono "Guarda Luca, io ho uno store fisico online, su questo store faccio tot vendite, faccio questi volumi, però ho un software integrato e non posso passare a Shopify."

Tranquilli ragazzi: io stesso ho ancora moltissimi brand su Magento. Questo perché sul mio PC ho ancora un programma, Atelier, che mi gestisce gli ordini. Infatti il mio brand viene venduto non solo online, ma anche offline. Ed offline viene venduto attraverso degli shop fisici, in Italia. Quindi non vi preoccupate: tutte le strategie potete tranquillamente adottarle per qualsiasi piattaforma di e-commerce.

Prestashop

Osserviamo un altro store:

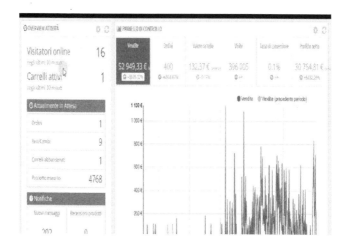

PrestaShop è un'altra piattaforma di e-commerce che in questo caso non presenta un magazzino (tipo Atelier) interno; si tratta di vendita online.

Come potete notare, ho avuto dei picchi incredibili dopo aver implementato le Storyviews e alcuni piccoli shout out di grossi

Influencer in Italia (perché questo è uno store totalmente italiano).

Mi chiedere spesso "Luca, ma qual è il profitto netto?", ecco: ammetto che questo è il brand sul quale ho meno profitto rispetto a tutti gli altri. Ho un profitto netto di 30.000€ su 52.000€ di volume, il lordo se ne va tra pubblicità e altro. Negli altri store ho un margine molto più alto.

Per le persone che mi dicono "io ho già un brand" oppure "Io ho già un negozio, ma vendo prodotti di altri brand. Come posso fare per aprirmi un'altra attività in drop?"

Ciò che consiglio, soprattutto ai negozi o a chi ha già un'attività, è di implementare il proprio shop. Per esempio, se avete già un negozio online che vende abbigliamento o prodotti di bellezza, dovete assolutamente crearvi, il prima possibile, un brand vostro ed inserirlo in Dropshipping all'interno del vostro store. È una cosa che vi consiglio tantissimo perché vi porterà molto in termini di margini. Quindi se avete vari brand all'interno del vostro sito (e anche offline, in negozio), se fate un ordine di cappotti o roba fatta bene, in Cina, potete portarla all'interno del vostro sito online.

Ovviamente prima di mettere in vendita i prodotti fatevi sempre inviare un sample e testatelo. Molte volte riuscite a trovare roba di altissima qualità, anche perché i cinesi ormai stanno "mangiando" il mercato, quindi alla fin fine viene tutto da lì.

Quindi contattate il venditore, fatevi spedire un campione, brandizzatelo (magari anche con un nome fittizio, non ha importanza).

Shopify

Questo che vedete invece è uno store che ho creato moltissimo tempo fa su Shopify:

Questo negozio, come vedete, l'ho aperto nel 2018. Dopo il lancio, tra luglio e novembre 2018, come vedete dal grafico, ho avuto un grosso picco:

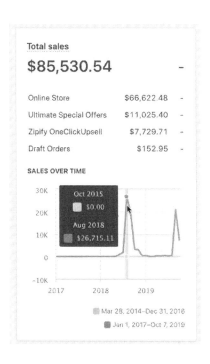

Total sales

$85,530.54   -

Online Store	$66,622.48	-
Ultimate Special Offers	$11,025.40	-
Zipify OneClickUpsell	$7,729.71	-
Draft Orders	$152.95	-

SALES OVER TIME

Oct 2015
$0.00
Aug 2018
$26,715.11

30K
20K
10K
0
-10K
2017   2018   2019

Mar 28, 2014–Dec 31, 2016
Jan 1, 2017–Oct 7, 2019

Quando ho lanciato lo store, il prodotto non era quello che è adesso. O meglio...era lo stesso private label, ma inizialmente lo avevo testato in Dropshipping. Lo store quindi aveva il brand e il nome ma il brand non era mio. Avevo quindi trovato un prodotto pre-brandizzato (con un brand cinese) ma di ottima qualità. L'avevo trovato su Alibaba e il venditore mi aveva dato l'esclusiva per utilizzare quel nome, l'importante era che gli portassi un tot di ordini.

Di conseguenza me l'ha lasciato.

Quindi come l'ho lanciato? L'ho lanciato solamente attraverso Influencer marketing. Già ai tempi lo usavo tantissimo e avevo scelto grossi Influencer per l'occasione. La strategia è stata la solita. Contattavo 300/350 Influencer al giorno. All'epoca non c'era ancora il limite massimo di DM su Instagram. Quindi di questi ne contattavo almeno 120/150 via DM e gli stessi li contattavo poi anche via e-mail (con l'email che lasciavano all'interno del profilo). Fortunatamente molti non erano sotto agenzia, quindi non dovevo rivolgermi a terzi ma direttamente a loro. Gli scrivevo e proponevo sempre loro la collaborazione in %. Utilizzavo sempre un programma di affiliazione, che era molto simile ad Affiliatly (solo che funzionava con il codice sconto).

Tutto ciò, ancora oggi mi porta risultati incredibili.

Normalmente con Affiliatly riscontro due problematiche.

La cosa avviene più o meno così: l'Influencer che accetti la vostra proposta dovrebbe registrarsi su Affiliatly e ottenere il link da usare per gli swipe up e il codice sconto da fornire ai propri follower. Il problema è che spesso l'Influencer scorda di mettere il suo link e gli utenti utilizzano solo il codice. O, ancora, arrivano al sito tramite il suo URL personalizzato ma si dimenticano poi completamente di inserire il discount code, pagando a prezzo pieno. A quel punto, ciò che vi rimane da dare all'Influencer è soltanto la % per aver portato utenti al sito per mezzo del link personalizzato. Quest'altro metodo di cui vi parlo rende invece tutto più semplice.

Guardando il grafico noterete due picchi principali:

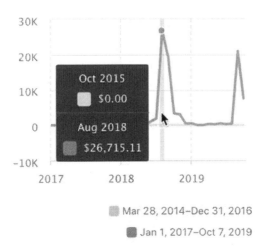

SALES OVER TIME

Oct 2015
■ $0.00

Aug 2018
■ $26,715.11

■ Mar 28, 2014–Dec 31, 2016
● Jan 1, 2017–Oct 7, 2019

Il primo picco è il corrispettivo di una prima fase di lancio iniziale fatta soltanto attraverso Influencer marketing. Considerate che ai tempi non avevo ancora una pagina Instagram per lo store. Essendo molto forte sul social network in oggetto, infatti, avevo deciso di fare una pagina genuina, partendo da zero. Volevo usare le varie strategie (avevo implementato dei DM automatici e via discorrendo) ma non volevo acquistare follower. Mi interessava crescere dal basso. Se notate la cosa è andata bene. Ho puntato soltanto sugli Influencer che sì, hanno un costo, ma hanno un costo esclusivamente sul venduto. Successivamente ho lasciato lo shop in stand-by perché avevo altro di cui occuparmi.

In questi ultimi mesi (che corrispondono al secondo picco del grafico) ho invece studiato un'altra strategia.

Ho cancellato la pagina, mi sono tenuto le grafiche degli Influencer (ho creato un Excel nel quale ho preso nota dei loro nomi, del tag, di quando avevano pubblicato e via discorrendo) ed ho inserito le immagini di tutti quelli che avevano generato le vendite durante il primo picco. Ho così ottenuto parecchio materiale da pubblicare.

Subito prima del secondo picco ho contattato parecchie pagine appartenenti alla mia nicchia (pagine grosse: dai 400k ai 600k follower). Sono riuscito a trovare una pagina in target da 460k followers più o meno in quella nicchia. La strategia è stata questa: ho acquistato la pagina, l'ho re-brandizzata, ho cambiato leggermente il nome dello store (purtroppo, perché non avevo il nome libero per creare un account Instagram) ed ho lanciato il private label con i classici pre-order per poter fare un po' di cassa sui prodotti. Avrei potuto farlo di tasca mia, ma ho voluto preferire il pre-order. Questo perché ho voluto giocare il tutto per tutto sullo Storyviews. Ho ripostato tutte le storie che mi ero salvato dal picco precedente, aggiungendo i tag corretti, ed ho scelto un'immagine di profilo attentamente studiata. Già nei primi giorni ho avuto un successo enorme:

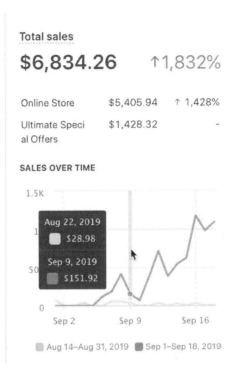

Total sales

$6,834.26 ↑1,832%

Online Store	$5,405.94	↑ 1,428%
Ultimate Speci al Offers	$1,428.32	‑

SALES OVER TIME

Aug 22, 2019
$28.98
Sep 9, 2019
$151.92

Sep 2   Sep 9   Sep 16

Aug 14–Aug 31, 2019   Sep 1–Sep 18, 2019

Dal primo al 18 settembre, come potete vedere, ho avuto una crescita enorme e tutt'ora sto scalando davvero bene.

Come strategia, oltre a ripubblicare le vecchie storie e aggiungere lo Storyviews, ho fatto 10 pubblicazioni su TikTok, ho scelto due ragazze su Snapchat (pagate direttamente pochissimo attraverso Paypal) e 13/14 persone abbastanza influenti su TikTok. La maggior parte, però, sono arrivate dallo Storyviews. Tenete conto che la pagina Instagram in questione era disastrosa: eravamo attorno alle 8.000 impression a settimana. Dopo lo Storyviews, ho incominciato a fare 400k, 600k impression a settimana. Adesso siamo a 2/3 milioni e ho 50.000 visite al profilo settimanali. È un traffico incredibile e tutto ciò è stato possibile grazie al bot fatto da me.

Ovviamente attraverso il bot non puoi tracciare le vendite. Ma non faccio ADS, ho tracciato soltanto alcuni Influencer, ma la maggior parte degli acquisti sono arrivati attraverso il link diretto presente nella bio di Instagram del profilo dello shop. Il che è molto indicativo (oltre ad essere stupefacente).

Sfruttare Tik Tok

Plug con Tik Tok

Vediamo un esempio di Private Label con un sito fatto bene.

Lo store in questione vende strisce LED da mettere in casa:

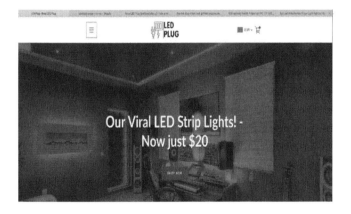

Vi spiegherò **perché** fare Private Label, come comunicare agli utenti e come fare pubblicità (considerate che il brand in esame lavora pochissimo con le ADS e, le poche volte che le ha usate, le ha sempre fatte partire dopo altre strategie, ma vi illustrerò meglio tutto step by step).

Lo store in esame ha un template molto basic, eppure è andato alla grande in quanto è bello da vedersi, pur essendo minimal. Come vedete, in home page ci sono pochi elementi:

- Logo centrale
- Conversione valuta
- Carrello
- Tasto "Shop Now"
- Immagine centrale ben fatta

Tra l'altro non servono grandi cose: considerate che l'immagine centrale è realizzabile anche in casa, sistemando un attimo lo studio, spegnendo le luci e sfruttando una fotocamera grandangolare qualsiasi oppure scattando una foto normale e applicando poi una leggera distorsione con un programma di grafica.

Lo shop è mono prodotto (il prodotto principale è il 16.4ft LED Bluetooth Bundle&Save), ma ha al suo interno vari accessori correlati al prodotto stesso:

Il prodotto principale è scontato mentre gli altri prezzi sono interi. Questo perché? Perché se voi scontate tutti i prodotti che avete, il negozio perderà in immagine e verrà percepito come fake o cinese. Quindi vi suggerisco sempre di mettere il prodotto principale in saldo e di evitare di farlo con i prodotti correlati. Ci sono varie strategie per fare questo, ma vi suggerisco sempre di sfruttare numeri come il

"9" e il "7" all'interno dei vostri prezzi. Non a caso vendo i miei prodotti a cifre come 2,97€, 84,97€, 29,44€ e prezzi di questo tipo. Questo perché, a livello psicologico, questi numeri è stato dimostrato che vanno alla grande.

A fondo pagina notiamo anche delle "garanzie" per il cliente:

Rimborso garantito, ordini tracciabili, restituzioni semplici. Tutte cose che danno al nostro shop un aspetto solido, sicuro e che conferiscono serietà al nostro brand. I resi, ovviamente, se avete uno stock e lo avete ad esempio in uDroppy, potete farli. Se invece fate Dropshipping è ovvio che non potrete farli, e dunque dovrete fare un semplice rimborso (il cliente si terrà il prodotto). Per questo dovete fare una comunicazione adatta: proprio per evitare di avere richieste di rimborso. Io su 1000 ordini sono costretto a fare al massimo 2 o 3 rimborsi, che sono pochissimi. Parleremo meglio più avanti di come vincere le dispute su Paypal.

Vediamo al volo il menù, all'interno del quale troviamo, tra le tante:

HOME

LED STRIP

ACCESSORIES

VEHICLE LIGHTING

POWER SUPPLY

INSTALLATION GUIDE

TRACK ORDER

SUPPORT

FAQS

Log in

Create account

Search

Privacy Policy

Terms of Service

Refund Policy

⬜ Home

⦿ Led strip (che è il prodotto principale, per il quale la pagina prodotto è estremamente semplice, con immagini prese direttamente da Aliexpress e recensioni a vista). Fate attenzione all'inserimento delle recensioni: fate sì che le date non siano tutte risalenti allo stesso giorno, o addirittura a una data precedente al lancio. Per evitare questo inconveniente andate tra le impostazioni della sezione recensione e spuntate "Hide data". All'interno della pagina prodotto troviamo anche un piccolo bundle:

Se andate su "App" in Shopify trovate numerose app che vi creano in automatico questi pacchetti da proporre al cliente, cosa che non potete fare con un general store con mille prodotti, perché vi appariranno sempre prodotti che non c'entrano nulla tra loro. In questo caso invece avendo solo prodotti correlati tra loro è facile che i bundle creati siano sempre "appetibili".

⬚ Nel menù è presente anche una sezione relativa all'installazione del prodotto. La potete mettere sia nella pagina prodotto che in una pagina dedicata, che in questo caso specifico va benissimo.

Ma come pubblicizzare questo prodotto? Questo in particolar modo è stato pubblicizzato soltanto attraverso Tik Tok e Instagram. Come vi ho ribadito in passato, vi suggerisco di far partire le ADS a pagamento soltanto una volta che il prodotto è già salito in trend, non prima.

Nella maggior parte dei casi i tiktokers sono giovani: semplicemente si contattano, gli si invia il prodotto a casa e loro realizzeranno contenuti creativi ad hoc per il vostro prodotto. Si tratta di cose che diventano super virali. Questi stessi LED vengono venduti su Amazon ad un prezzo inferiore, ma il solo fatto che siano "virali" fa sì che tutti li acquistino dal nostro shop, nonostante costino di più. Se notate sotto un qualsiasi post promozionale, è pieno di persone che taggano spontaneamente amici e conoscenti:

In pratica io non sto vendendo "il prodotto", bensì l'opportunità di fare dei Tik Tok bellissimi a 20€.

Il mio pubblico non è chi è a casa, è anti-social e vuole mettersi i led in camera. Il mio pubblico è fatto dai tiktokers o dagli instagrammers stessi, che con soli 20€ possono realizzare dei Tik Tok virali.

Inoltre, per far partire le ADS a pagamento, è sufficiente sfruttare i POV, ovvero i video in prima persona fatti dai nostri clienti stessi. Questa strategia funziona benissimo.

Parliamo poi della cura della pagina social:

Vedete come, tra le storie in evidenza, pur essendo una pagina semplice e senza troppi fronzoli, ci sono già le sezioni "Accessori", "istruzioni" e "Aiuto"? Seppur con poco, viene spiegato già tutto.

Questo è uno store che fa 10/20k€ al mese, non è moltissimo, ma funziona.

Andando su Aliexpress o Alibaba si trovano tantissimi LED ad un prezzo di circa 7/8$; si può rivendere al triplo o oltre, sui 30$. Inoltre i margini maggiori li avrete sugli accessori, che di partenza di solito hanno prezzi davvero stracciati.

Facebook ADS

Facebook ADS Intro

Iniziamo a parlare delle Facebook ADS.

Moltissime persone mi chiedono spesso perché le loro ADS non funzionano.

Sono sempre tutti alla ricerca di un magico trucco. Tendono ad arrovellarsi per cercare le cose complicate e pensano sempre che ci siano dei "trucchi" all'interno delle Facebook ADS. Ecco, mi dispiace dirvelo, ma non è così.

Le Facebook ADS sono un semplice STRUMENTO. Non fanno parte del vostro successo né per quanto riguarda la vendita di prodotti, né per quanto riguarda la vendita di servizi. Sono invece le strategie con all'interno vari strumenti (di cui possono far parte anche le pubblicità su Facebook) a determinare il vostro successo. Questo perché, le ADS (che tra poco andremo a trattare anche a livello tecnico) sono uno strumento fondamentale all'interno della nostra epoca. Fanno quindi sì parte di una strategia, ma non sono LA strategia.

Vi faccio un esempio pratico: se avete delle Facebook ADS che non performano, magari il vostro settaggio può essere anche corretto. Però può essere sbagliato il copy. Può esserci qualcosa che non va nel sito, all'interno della Landing page. Magari avete una profilazione del cliente non adeguata.

Questo ci tengo a dirvelo. Perché molte persone che non riescono ad andare avanti si focalizzano inutilmente sulle ADS quando il problema è del sito. È una cosa che vedo spesso sia nella vendita di servizi (quindi magari lead generation) che in vendite di prodotti, dal Dropshipping all'e-commerce.

Negli e-commerce spesso, per esempio, vedo che le Facebook ADS di per sé funzionano: mandano traffico, vedo delle aggiunte al carrello, ci sono molti checkout raggiunti, molti utenti inseriscono anche i dati delle carte di credito ma poi non finalizzano l'acquisto. Capita anche nella vendita di servizi, c'è molto traffico di utenti ma poca conversione effettiva.

Nel Dropshipping può essere colpa di problematiche legate alla fase di checkout. Magari un logo sbagliato, la grafica o altri dettagli.

Nella vendita di servizi la causa può essere la grafica o comunque la Landing page, se le stesse presentano qualcosa da rivedere.

Le pubblicità vanno quindi prese come uno strumento. Esattamente come tutte le altre forme di ADS, da quelle Google a quelle Youtube.

Pixel Facebook + Setup

Abbiamo parlato delle ADS su Facebook. Per poterne usufruire dobbiamo aprire una nostra pagina. Io per esempio la pagina Facebook non la utilizzo mai, ma mi serve per andarci a collegare delle funzionalità che mi tornano utili soprattutto su Instagram.

Io faccio raramente Facebook ADS, le lancio soltanto dopo aver totalizzato almeno 20/30.000€ di fatturato, altrimenti non le tocco nemmeno. Ma per correttezza ve le illustro.

Create la pagina, ci buttate dentro un logo e poco altro. Non dovete per forza curarla nei dettagli. Quello che vedete sotto, per esempio, è un prodotto per fare gli addominali che avevo venduto in Dropshipping su Instagram:

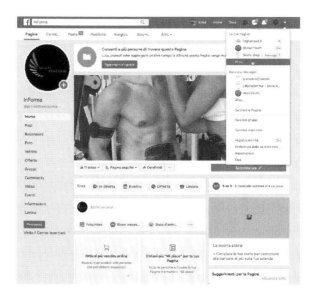

Aprire una pagina è molto semplice. Basta
cliccare su "altro" dal menù a tendina in alto a
destra, come illustrato nello screenshot qui
sopra e seguire le istruzioni. Dopo di che, dalla
homepage della vostra pagina, cliccate su
impostazioni (in alto a destra) e poi su
"Instagram" e su "Collega account", così:

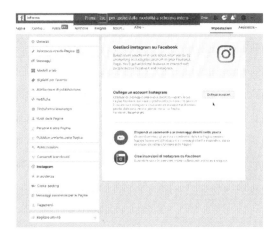

Collegate dunque l'account del vostro

business. Successivamente andate sul vostro

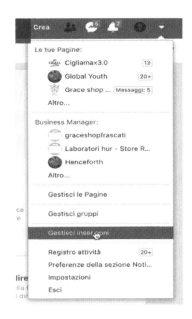

Gestione Inserzioni:

E da qui, cliccate su "Accedi a business manager":

Selezionate in seguito l'account del vostro business e poi andate su "impostazioni business manager":

Create il vostro Business Manager, la creazione è guidata ed estremamente semplice. Successivamente, dalle impostazioni e dal menù di sinistra, cliccate su "Origini dei

dati" e "Pixel". Create un nuovo Pixel cliccando
su "Aggiungi" (seconda colonna, tasto blu, in
alto):

Inserite il nome del vostro Pixel, la URL è
facoltativa, clicco su continua e infine su
"Configura Pixel Ora":

Dalla schermata successiva, selezionate la prima voce ("Aggiungi il codice usando un'integrazione di partner"). Dalla lista, selezionate Shopify. Dalla finestra che ne viene fuori, date il via alla configurazione. Fate attenzione che nella prima schermata il bottone sia attivo (non fatevi ingannare dalla parola "disattiva", deve essere sul blu):

Mandate avanti la seconda schermata così com'è. Dalla seconda, copiate il codice presente in fondo:

Andate quindi su Shopify, cliccate su "Negozio online" e su "preferenze", dal menù a sinistra, e tra le preferenze cercate la voce "Pixel di Facebook". Incollate nella stringa vuota il codice appena copiato e salvate:

Avete appena installato Pixel. Tornate su Facebook, cliccate su "Continua" e, nella quarta schermata, inserite la URL del vostro shop, cliccando poi su "Invia traffico di prova":

Dovrebbe venirvi fuori la scritta "Attivato". La procedura è terminata.

Adesso vorrei spiegarvi meglio perché è necessario installare Pixel e a cosa serve.

Una volta installato il Pixel, possiamo andare in "Impostazioni", "Risorse" e "Pubblico":

Troverete le seguenti opzioni (ndr. Il "Pubblico Salvato" non ci interessa, perché non lo utilizzeremo):

Iniziamo dal pubblico personalizzato.

Questa modalità vi torna utile per un sacco di cose. La sfrutteremo principalmente per costruirci un pubblico personalizzato a partire dalle interazioni con il Profilo Instagram aziendale e dal traffico ricevuto sul sito web, che in questo ultimo caso viene reindirizzato su Facebook proprio grazie al Pixel, che una volta installato sul sito "assorbe" tutti i dati dei visitatori e li converte in pubblico potenziale.

Cliccando su "Traffico sul sito web" e su "profilo Instagram aziendale" potremo andare a modificare più parametri:

La prima casella ci chiede se includere le persone che soddisfano qualsiasi nostro criterio. La seconda ci fa selezionare il profilo o il sito web da cui ricavare il pubblico (utile se gestiamo più di un account Instagram o più di un e-commerce). La terza voce include una serie di parametri che potete andarvi a leggere con calma:

In questo caso, per fare un test, seleziono "Chiunque abbia interagito con la tua azienda" e inserisco il limite massimo di giorni (365 per il profilo Instagram e 180 per il traffico indicizzato direttamente dal sito web). Do un nome fittizio al mio pubblico e clicco su "Crea".

La voce appena creata la ritroverete qui:

La scritta "In popolamento" indica che lo strumento sta analizzando i dati e creando il nostro pubblico.

La cosa bella di questo strumento è che possiamo utilizzarlo anche per creare pubblico simile, il cosiddetto pubblico "look-a-like. Farlo è semplicissimo.

Dal bottone blu in alto a sinistra, "Crea pubblico", selezioniamo la voce "Pubblico simile".

Impostiamo la finestra pop-up che si apre come segue...

1) Nella prima stringa clicchiamo sulla voce "Origine" e scegliamo qual è il tipo

di pubblico "Simile a..." che vogliamo creare. In questo caso sfruttiamo le interazioni ad Instagram degli ultimi 365 giorni come origine. Questo vuol dire che Facebook ci andrà a costituire un pubblico simile a quello che ha già interagito con il nostro profilo social nell'ultimo anno:

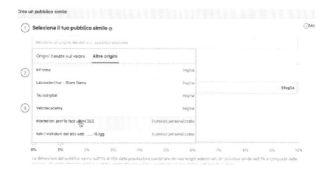

2) Inserisco "Italia" nella seconda casella, perché in questo specifico caso voglio che il mio pubblico sia italiano

3) Nella terza stringa troviamo delle percentuali di pubblico da poter coprire. Vi sconsiglio di spostare il cursore e lasciare come "Numero di gruppi di

pubblico simile" il valore 1, poiché questo aumenterebbe di molto il numero di utenti raggiungi dalle nostre ADS ma non ci consentirebbe di fare un numero sufficiente di test. Quello che conviene, infatti, è aumentare quel valore numerico al suo massimo (6 gruppi). In automatico dovremmo trovarci davanti a una schermata del genere:

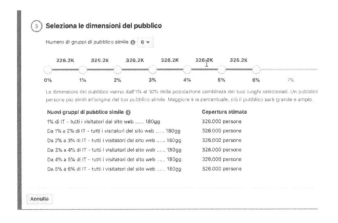

Come potete notare, Facebook creerà 6 "ampolle" con dentro tanti micro-gruppi di pubblico simili al nostro. Creandone 6 differenti potremmo testare ciascuno di essi e decidere su quale puntare maggiormente così da personalizzare di volta in volta le nostre ADS, ottimizzandole.

Una volta impostato tutto, clicco su "Crea pubblico" e il sistema genera in automatico i nuovi gruppi di potenziali utenti:

Creazione campagna

Questo capitolo riguarderà tutti coloro che operano in Dropshipping, o in Private Label. Vi spiegherò in modo dettagliato come faccio, personalmente, per lanciare la prima campagna di uno qualsiasi dei miei business.

Vi garantisco che i brand che convertono lanciano le loro campagne nello stesso identico modo.

La prima cosa che vi sconsiglio di fare, una volta effettuato l'accesso al vostro strumento "Crea Nuova Campagna" è di utilizzare i tasti delle colonne "Notorietà" e "Considerazione":

Dietro ognuno dei tasti che vedete non c'è nient'altro che un algoritmo, che vi porta risultati basati sul vostro obiettivo finale. Non tutti gli algoritmi sono tuttavia validi. Mettiamo caso che selezioniate la voce "Interazione": Facebook andrà a indirizzare l'annuncio a tutte le persone che sono maggiormente propense ad interagire con il vostro post. Occhio ad interagire, non ad acquistare!

Personalmente lo strumento con il quale inizio tutte le mie campagne è "Conversioni". Questo perché, come vi ho già spiegato in precedenza, sono solito lanciare le campagne di marketing su Facebook soltanto dopo aver lavorato bene di Influencer Marketing ed essere riuscito a totalizzare un minimo di 100/200 vendite. Facendo questo, con il Pixel attivo, gli algoritmi raccolgono già tutti i dati dei miei acquirenti e, una volta realizzata la campagna, sanno perfettamente chi sono i miei customer e quali caratteristiche in comune hanno. Di conseguenza, è in grado di targetizzarli al meglio.

Imposto il mio strumento Conversioni come segue:

Conversioni

Fai in modo che le persone eseguano azioni importanti sul tuo sito web, nella tua app o su Messenger, ad esempio aggiungere informazioni di pagamento o effettuare un acquisto. Usa il pixel di Facebook o gli eventi nell'app per monitorare e misurare le conversioni.

Nome campagna ❶ | Social marketing|

🧪 **Crea un test A/B** ❶   ◯ No
Esegui un test A/B delle creatività, del posizionamento, del pubblico e delle strategie per l'ottimizzazione della pubblicazione. Scopri di più

Ottimizzazione del budget della campagna ❶   ◯ No
Ottimizza il budget tra i vari gruppi di inserzioni

Continua

Lascio disattivata l'ottimizzazione del budget campagna, che altro non è che la CBO, della quale parleremo prestissimo. Si tratta di un'opzione assolutamente valida ma che non utilizzo mai in prima battuta. Tenetela però d'occhio, perché la andremo a ripescare a breve.

Clicco su "Continua".

Dalla schermata che segue, lascio come Evento di Conversione la voce Acquisto, seleziono il Pixel del mio e-commerce e come Valore di Controllo del Costo non inserisco mai nulla. Lascio vuoto il campo.

Alla voce Budget Giornaliero inserisco 5€. Non utilizzo MAI cifre più elevate, ma dopo vi spiegherò perché.

Nel settore Pubblico del form, inserisco le seguenti impostazioni:

Inserisco sempre un interesse per volta, andando a ricercare tramite parole chiave le nicchie che mi convincono di più. Vi suggerisco di togliere SEMPRE la spunta alla voce "Espanderemo la tua targetizzazione dettagliata per raggiungere più persone quando è possibile migliorare le prestazioni".

Questo strumento è stato creato ad hoc da Facebook (che non a caso ve lo attiva di default) per ridurre l'efficacia dei vostri annunci. Selezionandolo e inserendo un qualsiasi interesse, Facebook andrà in automatico ad espandere il vostro pubblico ad altre nicchie contingenti, creando dispersione. Guardate, con la stessa parola chiave, cosa succede al nostro pubblico prima e dopo aver disattivato lo strumento:

È ovvio che 1.000.000 di persone ben targetizzate saranno molto ma molto meglio di

35.000.000 di utenti ai quali probabilmente del mio prodotto interessa poco e niente. Imposto la sezione Feed come segue:

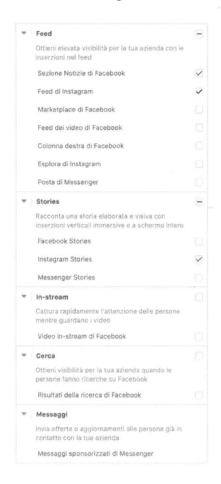

Salvo e clicco su "Continua". La campagna è
stata creata.

Analisi e duplicazione campagne iniziali

Vi lascio uno screenshot, non spaventatevi per la quantità di dati perché vi spiego meglio tra un attimo:

Ho pubblicato la campagna con l'inserzione e all'interno di essa ho duplicato i gruppi dell'inserzione stessa. Come si fa?

Passiamo con il mouse su una campagna, nel nostro caso la prima. Clicchiamo su "Duplica", il tastino a comparsa. Si aprirà la seguente finestra:

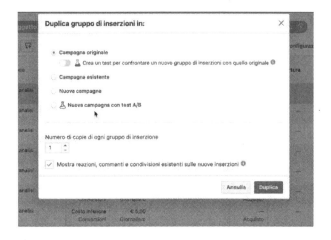

Da "numero di copie" la duplico (di solito inserisco come valore 20 o 25). Clicco su "duplica".

Quello che andrò poi a fare sarà andare a modificare semplicemente i singoli interessi in tutti i gruppi inserzioni.

Quindi la campagna sarà una, ma all'interno della campagna ci saranno vari gruppi inserzioni perché per ogni gruppo andremo a fare delle piccole modifiche di target:

Qui sopra, per esempio, in "Targetizzazione dettagliata" avevo Instagram e Social Influencer. Ma decido di modificare il campo aggiungendo anche la voce "Blogger". Nel target potete inserire qualsiasi cosa! Come "Tech" o "Bambini". Una cosa che vorrei farvi capire dei target è che se inserite una nicchia, per esempio "Genitori", vi si aprono tantissime possibilità:

Il gestionale vi suggerisce Genitori con figli di età diverse o addirittura la parola chiave "neogenitori", riferita a chi ha figli da 0 a 12 mesi. Potete scegliervi realmente il target che vi interessa, in modo molto specifico.

Nel mio caso vendo un prodotto per i Social Network. Mi viene in mente anche che ciò che vendo potrebbe interessare a chi sfrutta molto la piattaforma di streaming in abbonamento Netflix. Di conseguenza modifico il mio target e una volta modificata la voce "Targetizzazione dettagliata" salgo in cima alla schermata e in "Nome gruppo di inserzioni" inserisco proprio "Netflix", così:

Poi vado sul secondo gruppo e inserisco un altro interesse. Clicco sempre su modifica e, con gli stessi passaggi, inserisco "Blogger" sia come target che come nome del gruppo di inserzioni.

Nella voce ancora seguente modifico nuovamente il target e inserisco Social Media Marketing. Vado avanti fino a definire tutte le mie nicchie. Dovrei avere una schermata di questo tipo:

Modifico solo i target, del resto non tocco assolutamente nulla. Scrollando infatti vi renderete conto che il Pixel sarà sempre attivato in "Acquisto". Attualmente di inserzioni ne ho una, quindi per ogni gruppo, come vedete, ne appare soltanto una (che è quella che compare, sotto ciascun gruppo, con il nome di "Default Name – Conversioni")

Come noterete ne creo ogni volta moltissime e tutte per un budget di 5€ l'una. I 5€ infatti funzionano benissimo, ma soltanto se create campagne in modo massivo. Vanno alla grande, ma se fate moltissimi test e soprattutto se, prima di creare le vostre campagne, avete già portato traffico al sito mediante altre strategie (per esempio con Influencer Marketing).

Nel prossimo capitolo vi farò una disamina dei primi risultati.

I duplicati

Eccoci pronti ad analizzare i primi risultati.

Abbiamo lanciato le inserzioni che avevamo duplicato all'interno della campagna con un singolo interesse per ogni singola inserzione. Avevamo tra l'altro scelto di non testare più advertisement, sfruttando per tutti i duplicati la stessa pubblicità. Ciò nonostante, i risultati che vedete sotto parlano chiaro, e a mio modesto avviso sono davvero ottimi:

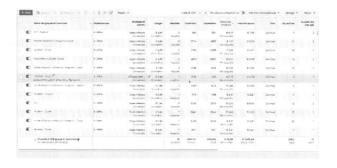

Perché dico questo? Perché mi basta controllare le statistiche a colpo d'occhio per rendermi conto che l'algoritmo sta lavorando bene. Il tasso di conversione è elevatissimo: i click (penultima colonna) che arrivano al sito hanno un rapporto ottimo con quelli che sono gli acquisti effettivi (ultima colonna).

Dando un'occhiata al Costo per Acquisto ci rendiamo inoltre conto che la spesa effettiva che investiamo in pubblicità per ogni singolo purchase è ottima. Mi baso infatti sulla media di 14,34€, presente a fondo pagina, e non sulle singole righe. Considerate che il prodotto che vendo costa all'incirca 200€. Sto convertendo ad un costo bassissimo.

Se nelle singole righe notate un Costo per Acquisto di gran lunga inferiore a quello espresso nel riepilogo a fondo pagina, è tutto normale. Questo perché lo screenshot mostra soltanto la parte iniziale della lista e, su 224 gruppi di inserzioni inviate, non tutte sono andate (ovviamente) bene tanto quanto le prime.

Scorrendo la lista ci rendiamo infatti conto che tanto più scendiamo tanto più il Costo per

Acquisto aumenta, fino a raggiungere anche i 9€:

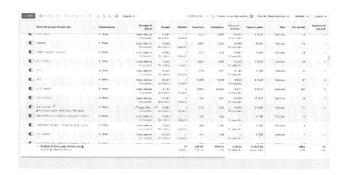

Considerate questo: a me (che, ripeto, vendo un prodotto da 200€) sta benissimo anche il costo d'acquisto più elevato. Ma poniamo il caso che voi vendeste un prodotto da 20€ e vi ritrovaste con il mio stesso tasso di conversione, e dunque non rientraste nelle spese per sostenere gli ultimi gruppi di inserzioni ma vi andassero bene i primi in lista. Cosa dovreste fare?

Dovreste selezionare tutti i gruppi che convertono ad un costo più elevato e cliccare sul cestino, nella barra in alto:

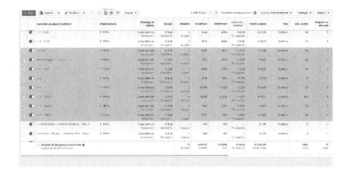

Con i gruppi con un Costo per Acquisto migliore dovreste invece agire diversamente, selezionando quelli che convertono meglio in assoluto e cliccando su "Duplica", in cima alla pagina. Lasciate le impostazioni della finestra pop-up come segue:

Cliccate su Duplica e, nella schermata successiva, su "Pubblica", in verde. Senza modificare nessuna impostazione.

Perché duplicare lo stesso interesse? Grafico pratico

Adesso vi starete chiedendo: perché devo duplicare lo stesso interesse, con lo stesso obiettivo? Non è la stessa cosa?

No. Non lo è affatto.

Perché quando create una campagna e avete vari gruppi di inserzioni, il vostro pubblico potenziale è formato da una audience che, poniamo caso, è formato da 1/2milioni di persone. Se pubblicaste la campagna così per com'è, senza creare dei duplicati e senza targetizzarla nello specifico, una volta lanciata Facebook la farebbe vedere soltanto a una fetta ridotta di quei 2 milioni di utenti.

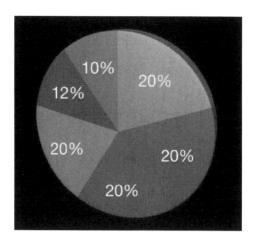

Fate finta che questo grafico rappresenti il potenziale audience di una nicchia che avete scelto. Qualsiasi interesse abbiate inserito (come per esempio nicchia "ciglia" o "bambini") quella nicchia sarà divisa. Perché di sicuro, con 5€ al giorno, Facebook non vi andrà a coprire tutti e due i milioni di utenti, ma soltanto una piccola fetta. Ecco perché andremo a fare i nostri test a 5€ l'uno.

Perché se quel singolo interesse vi va bene e ve ne accorgete, voi lo duplicate e automaticamente quel gruppo inserzioni, in questa "torta", si va a posizionare in un'altra fetta della vostra stessa audience.

Facciamo finta che, in un caso pratico, la fetta che vi converte corrisponde a quel 20% verde. Quando andrete a pubblicare, non andrà più nel 20% verde, andrà invece sempre in quei 2 milioni del vostro interesse, ma andrà nel 20% blu. Duplicandola ancora, andrà a coprirvi il 20% verde scuro. E se continua a convertire e la duplicate ancora, andrà nell'altra fetta di 20% azzurrino.

Ecco perché dovete duplicare. Perché se una vostra inserzione va bene, vi state prendendo soltanto il 20% della vostra ipotetica audience. Duplicandola arrivate al 40%, e poi ad occupare il 60, l'80 e così via.

Se invece vi capita un singolo interesse che converte in forma minore (prendiamo il caso della fetta al 10%) quello che dovete fare è prendere il singolo interesse ed eliminarlo.

CBO

Passiamo alle CBO.

Le CBO non sono altro un'equivalente del processo effettuato in precedenza con i duplicati ma, in questo caso, volto alla creazione di nuove campagne.

Nei prossimi passaggi vi spiegherò meglio come lavorare con i CBO e per cosa utilizzarli. Prima di tutto, seleziono i gruppi di interessi che rendono meglio e clicco, in alto a sinistra, su "duplica":

Nel pop up che viene fuori seleziono "Nuova campagna". Apparirà una stringa all'interno della quale inserire il nome della stessa; la chiamo CBO1. Lascio tutti gli altri parametri invariati e clicco su "Duplica".

Come potrete voi stessi notare, i passaggi sono identici a quelli che avevamo già appreso durante la duplicazione dei gruppi d'interesse. L'unica variante è data dal fatto che in questo caso duplichiamo i dati all'interno di nuove campagne e non andiamo, invece, ad ampliare quella già esistente.

Seguo il processo indicato in basso e attivo l'ottimizzazione del budget:

Inserisco quindi il mio budget giornaliero

(inserisco un budget di 250€ giusto per farvi un esempio) e clicco su "Pubblica".

Quando utilizzate l'ottimizzazione del budget, Facebook sceglie in automatico a quali gruppi d'inserzione destinare il budget e, soprattutto, come ripartirlo. La scelta è "intelligente" ed è basata su un algoritmo volto a massimizzare le conversioni, di conseguenza la ripartizione non sarà mai equa ma sarà, piuttosto, modificata di ora in ora in base alle rendite di ciascun gruppo d'inserzioni.

Quando voglio duplicare le CBO per intero, mi muovo seguendo uno schema di questo tipo:

- Seleziono i migliori gruppi d'inserzioni e creo la mia prima CBO
- Duplico l'intera CBO rimasta in bozze per X volte (di solito almeno 5) cliccando qui:

- Rinomino le campagne duplicate in ordine progressivo (es. CBO2, CBO3, CBO4...).

Risultati CBO

Questa è la CBO che abbiamo lanciato insieme:

Apriamola per analizzare meglio i dati:

La mia CBO1 ha un budget di 250€ giornalieri e mi ha già generato un totale di 4 acquisti a 10,20€ circa ciascuno. Ho dunque già guadagnato 40,81€.

Ribadisco il significato del termine CBO: la CBO non è nient'altro che una campagna ad obiettivo conversioni con all'interno vari gruppi di inserzione. Ogni gruppo d'inserzione si basa su un singolo interesse.

Con 250€ di budget, l'algoritmo automatico di Facebook ha distribuito un po' di budget sui vari gruppi di inserzioni. Come noterete voi stessi, nel primo gruppo, alla voce "Importo speso" troviamo un importo nettamente più elevato. Questo accade perché l'algoritmo, quando la campagna è impostata correttamente, si auto-regola. Se per esempio il sistema punta in automatico 1€ per ogni inserzione, ma alcune iniziano a girare meglio di altre, il budget viene re-distribuito a favore delle inserzioni che vanno per la maggiore e a sfavore di quelle che invece non girano come dovrebbero.

Questo meccanismo mi ha consentito di ottenere in meno di 24h dalla pubblicazione delle ADS un Costo per Acquisto di 10€ circa. Il risultato, considerando che il prezzo di vendita del mio prodotto è di 200€, è assolutamente ottimo.

Ottengo questi risultati proprio perché, prima di partire con le ADS, ho attivato il Pixel e lavorato moltissimo con l'Influencer Marketing. L'algoritmo conosce già i miei clienti, ha già analizzato i dati degli acquirenti del sito ed è in grado, non a caso, di andare a targetizzare in maniera ottimale. È questo il "potere" delle CBO fatte come si deve.

A questo punto, ottenuti i primi risultati, possiamo andare a scalare le CBO per interesse. Per farlo vado sulla CBO e clicco su "Duplica":

Ne creo 5, a 250€ di budget l'una:

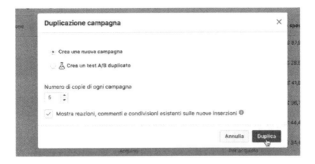

Clicco su Pubblica e, in seguito, le apro una ad una ed edito per comodità il nome, cambiandolo da CBO1 in CBO2, CBO3 e via di seguito.

Le regole

Vorrei parlarvi un attimo delle "Regole". Premetto che le regole, in materia ADS, sono un argomento per utenti avanzati.

Si tratta di uno strumento che, a conti fatti, ci consente di liberarci un attimo dalla pressione di dover stare costantemente dietro alle inserzioni per aggiornarle, vedere come stanno andando e duplicarle o eliminarle. Come abbiamo già detto in passato, infatti, quello che conviene sempre fare è controllare le inserzioni, cestinare quelle che convertono a cifre elevate e duplicare, invece, quelle che ci garantiscono i margini di guadagno più elevati. Faccio riferimento sempre al mio solito prodotto da 200€ del quale abbiamo già parlato nei capitoli precedenti.

Questo è uno dei miei tabulati:

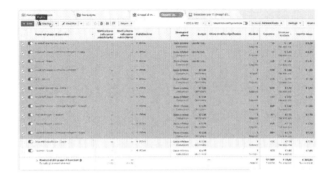

Il costo per risultato è ottimo (proprio perché il prezzo finale del prodotto che vendo è elevato). Tecnicamente, vendendo ad una cifra del genere potrei tranquillamente "accontentarmi" anche di quelle inserzioni che convertono a 60€ ciascuna. In realtà non lo faccio: in primis perché non ho inserzioni che convertono così male, e in secondo luogo, perché vado a disfarmi sempre e comunque delle peggiori, fossero anche, come in questo caso, ADS che convertono a 5€ ciascuna. Duplico invece, come vedete nella schermata qui sopra, quelle che reputo migliori.

Quello che faccio è sfruttare lo strumento "Crea una nuova regola" per automatizzare questo processo, che altrimenti mi porterebbe via moltissimo tempo. Clicco su "Regole" e poi su "Crea una regola":

Imposto la finestra pop-up come segue, applicando la regola a tutti i gruppi attivi e dando a Facebook il comando di disattivare i gruppi di inserzioni qualora (condizioni) il costo per risultato sia maggiore di 5€:

Seleziono "7 giorni" come Intervallo di tempo - questo spingerà Facebook a controllare anche l'andamento delle inserzioni a ritroso - e inserisco un Nome Regola che mi aiuti a ricordarmi del contenuto della stessa (nel mio caso utilizzo Regola Cut OFF over 5€ per purchase). Faccio sì che sia un nome basic ma che mi consenta a colpo d'occhio di comprendere subito cos'ho davanti, in modo da facilitarmi eventuali modifiche o rimozioni della regola stessa. Clicco su Crea.

Di regole potete crearne all'infinito. Decido io stesso di crearne un'altra:

Imposto la schermata come segue.

Questa nuova regola sta dicendo a Facebook di controllare le mie inserzioni ogni ora e di aumentare il budget per ciascuna del 20% (entro un tetto massimo di 20€) qualora le stesse convertano ad un CPR (Costo per risultato) inferiore a 3€.

Le regole sono utilissime sempre, ma le trovo particolarmente performanti soprattutto in determinate situazioni.

Decido di investire ad esempio un grosso budget su tantissimi gruppi di inserzioni e di valutarne l'andamento nel brevissimo periodo (massimo un paio d'ore). Questo mi consente di testare bene la campagna e andare a compiere tutte quelle modifiche (tagli + duplicati) che mi aiutano ad ottenere tassi di conversione ottimali. In quei casi sfrutto moltissimo le regole e, in particolar modo, le regole di Cut Off che abbiamo visto poco fa.

Look a like

Per affrontare l'argomento Look a Like dobbiamo parlare prevalentemente di Pubblico.

All'interno del nostro strumento per le FB ADS clicchiamo su "Pubblico", che troviamo nella sezione Risorse:

Ho la necessità di farvi un breve discorso introduttivo.

I pubblici non sono nient'altro che i dati degli utenti che acquisiamo e sui quali, poi, possiamo realizzare campagne targetizzate o di retargeting.

Nel Business Manager troviamo tre tipi di

pubblico differente (colonna di sinistra):

- **Pubblico salvato**: è un pubblico che non userete mai e che non serve a nulla. Si tratta di quei pubblici che spesso Facebook vi seleziona in automatico (fate attenzione, è uno strumento creato ad hoc per fregarvi denaro) composti da milioni di utenti e dunque troppo costosi per poter fruttare correttamente, poiché troppo generici. Un esempio classico potrebbero darcelo pubblici a target "Fashion" o "Sport", ma anche molti altri.

- **Pubblico personalizzato**: il pubblico personalizzato è un pubblico che vi andate a creare personalmente. Può essere descritto perfettamente dall'immagine dei vasi in fioritura presente all'interno dell'interfaccia

stessa dello strumento ad esso
dedicato.

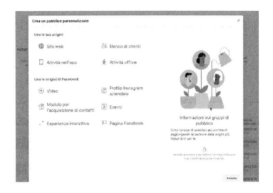

Dovreste immaginare il pubblico
personalizzato come simile, per molti
versi, ai tre vasi che vedete qui sopra. Il
pubblico personalizzato altro non è che
un'ampolla (o più ampolle) all'interno
delle quali piantate i semi che dovete
annaffiare per poter raccogliere i primi
frutti. Ogni ampolla presuppone
l'esistenza di un pubblico diverso. Nella
prima chiederò a Facebook di inserire
tutti gli utenti che hanno visitato il mio
sito web nell'ultimo anno. Nella seconda
gli chiederò di inserire tutti quelli che

hanno interagito con il mio profilo Instagram negli ultimi 6 mesi. Nella terza, invece, di inserire ad esempio tutti quegli utenti che hanno selezionato i prodotti da acquistare, sono arrivati al checkout ma per un motivo o un altro sono usciti dal sito senza concludere l'acquisto.

- **Pubblico simile**: il pubblico simile o anche detto "Look a like" è un pubblico che possiamo farci generare in modo automatico basandoci sulle "ampolle" di pubblici personalizzati che avevamo già creato autonomamente. Qui sotto vedete un chiaro esempio, in lista, di pubblici personalizzati seguiti da pubblici simili.

Nome	Tipo	Dimensione	Disponibilità	Data di creazione
PERSONE CHE HANNO VISITATO MESE PASSATO 60 GG INS	Pubblico personalizzato	Inferiore a 1000	Pronto	10/01/2020
SALVATAGGIO POSITSEL TAURO SUP 180 GG PRO INSTAGRAM	Pubblico personalizzato	Inferiore a 1000	Pronto	10/01/2020
TAURO AGGIUNTA AL CARRELLO 180 GG	Pubblico personalizzato	1000	Pronto	10/01/2020
VISITATORI SITO WEB TAURO 180 GG	Pubblico personalizzato	5000	Pronto	10/01/2020
Lookalike 2% 5% 10% 45% - acquisti 30 giorni tauro supremo	Pubblico simile	340.000	Pronto	30/12/2019
Lookalike 1% 4% 10% 27% - acquisti 30 giorni tauro SUPREMO	Pubblico simile	230.000	Pronto	30/12/2019
Lookalike 2% 4% 10% 7% - acquisti 30 giorni tauro SUPREMO	Pubblico simile	140.000	Pronto	30/12/2019
Lookalike 2% 5% 8% 10% - acquisti 30 giorni tauro supremo	Pubblico simile	330.000	Pronto	30/12/2019

313

Vi spiego adesso come fare per creare un "Pubblico simile".

Vado, dalla colonna di sinistra, su "Crea Pubblico" e seleziono la voce "Simile". Imposto la finestra pop up come segue:

In "Dimensioni del pubblico" non aumento semplicemente le dimensioni del mio pubblico dalla barra orizzontale lasciando come parametro di base il numero "1", ma bensì aumento il parametro di base a "6". In questo modo l'algoritmo non creerà un solo mega-pubblico, ma 6 micro-fette dello stesso, che sfrutteremo per fare i nostri test così da eliminare quelle che non vanno e portare avanti i gruppi che rendono meglio.

È come se stessi dicendo a Facebook: "prendi tutte le persone che negli ultimi 180 giorni hanno fatto delle aggiunte al carrello, analizza i loro dati e creami 6 gruppi simili di possibili utenti interessati al mio prodotto".

Vi suggerisco di sfruttare moltissimo questo strumento, tanto semplice da utilizzare quanto efficace.

Attenzione al ban

Voglio parlarvi adesso di una cosa molto importante: il BAN di Facebook.

È una tematica che sicuramente qualcuno di voi avrà già affrontato. Tutti quanti ci si troveranno faccia a faccia, prima o poi, almeno una volta.

La prima cosa da fare è evitare il BAN. Perché un conto è che sbagliate e vi venga bannata la singola campagna (e quello non è un problema, perché c'è la chat di supporto all'interno della quale potete chiedere assistenza e il ban vi viene tolto) un conto è che ciò accada perché fate degli errori grossolani.

Quello che succedeva spesso a me agli inizi, infatti, era che pur rispettando tutte le regole (e dunque evitando di mettere nomi di armi, alcol e via discorrendo) mi veniva comunque bannata la campagna pubblicitaria. Io ero sempre convinto di avere tutto al 100% in regola ma poi, parlando con la chat di supporto, mi rendevo conto che in effetti qualcosa che non andava c'era eccome. Voglio portarvi tutti gli esempi più comuni che mi vengono in mente.

Tenete in considerazione che vi possono bannare anche l'account pubblicitario. Facebook inizia con il bannarvi soltanto le singole campagne, ma se non state attenti nel tempo entrate in una sorta di black list e nel giro di poco inizierete a trovarvi bannati gli account veri e propri.

Ovviamente l'account pubblicitario bannato non lo potete riutilizzare, ma potete farne un altro. Se dopo un paio di mesi continuate a non seguire le regole, vi bannano anche quello. Andando avanti così a lungo Facebook finirà per bannarvi anche il Business Manager e, nel tempo (a me era capitato) anche la vostra immagine, il vostro nome. Mettiamo il caso di "Pinco Pallino" che, arrivato a un certo punto, non potrà mai più pubblicare campagne social a suo nome. Sarete in quel caso obbligati a fare pubblicità con un terzo nome (es. il nome di un familiare o un nome fittizio).

Ecco le regole da adottare:

- Non utilizzate Bitly: i bitly sono degli URL fatti per non far apparire il vostro sito. Non utilizzateli. Un tempo erano molto sfruttati ma ultimamente c'è il rischio di ban. Quindi mettete semplicemente il link al vostro store e se volete inserite sopra la URL della vostra Landing page. (es. www.vostrosito.com)
- Non sparate budget elevati: evitate di esagerare, soprattutto quando state iniziando. Uno perché siete ancora inesperti, e dunque non potete iniziare a testare puntando 50€ al giorno su un gruppo di inserzioni. Facebook vi banna.

Partite da budget bassi, dopo qualche giorno aumentate il budget duplicando (mi raccomando!), dopo qualche settimana potete aumentare ancora un po' e così via.

- Fate attenzione ai contenuti per le ADS: leggetevi tutte le policy di Facebook. Senza parlare di armi e cose illegali, vi basti sapere che Facebook banna anche delle assurdità. State per esempio vendendo un elettrostimolatore e inserite come sample l'immagine di un corpo perfetto con gli addominali a vista? Verrà bannata. Vendete un kit sbiancante per i denti e inserite come pubblicità l'esempio di un prima e dopo? Viene bannata. Perché per l'algoritmo di Facebook questo equivale a promettere dei risultati che non è detto che siano attinenti alla realtà. Poi il prodotto può funzionare anche benissimo, questo a loro non interessa. Ma è importante non "vendere" aspettative.

- Non inviate traffico fake: per Instagram potete anche comprare i follower, ma non inviate mai traffico fake alle pagine Facebook o peggio ancora alle inserzioni

- State alle regole di Facebook: cercatevi su Google le policy di FB per le ADS e leggetele molto attentamente. Ciò nonostante potrà capitare che vi bannino la campagna, ma in questo caso non è colpa vostra.

- Fate attenzione alla Landing page o sito: questo perché Facebook, quando impostate una campagna, va anche a controllare dove vanno a finire le persone. Quindi se rispettate le regole nell'impostare la campagna ma la URL di destinazione della stessa non le rispetta, ovviamente venite bannati.

Quello che vi consiglio è di stare al gioco di

Facebook e seguire le regole quanto più possibile.

Facebook ADS non vanno: cosa fare?

Vi spiego adesso come dovete comportarvi qual ora le campagne vi diano un esito negativo e i risultati non fossero soddisfacenti.

Innanzi tutto bisogna fare un'accurata analisi dei vari step del sito. Andate dunque sul sito e fate una verifica qualità.

Quando aggiungete l'articolo al carrello, vi va in checkout? Una volta in checkout, vi arriva allo step per inserire il metodo di pagamento? Effettivamente, si può acquistare? Il sito funziona?

Quello che vi suggerisco è di inserire un prodotto fittizio a 1€ e provare a comprarlo, magari con un'altra email rispetto a quella che avete usato per creare l'e-shop.

Vediamo come risolvere le seguenti

problematiche:

- Pochi checkout: in alto a sinistra, su Shopify, c'è Analytics. Da lì potete controllare in quanti fanno checkout e in quanti effettivamente acquistano. Se con le FB ADS portano pochi checkout significa che dovete lavorare sul sito e sulla pagina di checkout (es. aggiungendo il logo, rendendola più appetibile). Possiamo editarla semplicemente dall'editor di Shopify. La modifica non deve essere necessariamente d'impatto, a volte bastano pochissimi accorgimenti. È molto importante la scelta dei colori: di solito personalmente utilizzo bianco + nero + un altro colore d'accento. Non utilizzate mai troppi colori insieme. Due colori principali e uno esterno sono più che sufficienti.
- CPC alto: se abbiamo un costo per click nelle FB ADS alto, significa che

dobbiamo modificare l'inserzione (o il target o la creatività). Quando andiamo a fare le ADS non limitiamoci a farne una, ma proviamone svariate per poter verificare, nel giro di 24h, quale effettivamente funziona meglio ed ha un cpc un po' più basso. Regola: se il cpc è 1€, è troppo alto. Il cpc dovrebbe stare sotto i 0,20€

- Pochi ATC: se avete pochi "Add to Cart" vuol dire che il prezzo è troppo alto e dovete lavorare sulla vostra offerta. Abbassate dunque il prezzo del prodotto in vendita poco per volta e continuate a lavorare sulle ADS.

Cosa fare se le ADS carburano bene

In questo capitolo parleremo di cosa conviene fare quando ci si accorge che le ADS carburano correttamente. Ecco un riassunto dei punti principali, che affronteremo meglio tra un attimo:

1) Se vi accorgete che siete in profitto e che il vostro ROI è elevato, ovvero che magari state vendendo bene un prodotto che, per dire, vi costa 1€ e ve ne fa guadagnare 10, valutate l'ipotesi di aumentare il budget per le vostre ADS. Una cosa che non dovete MAI fare è,

quando vi accorgete che una campagna funziona, aumentare il budget ad essa destinato. Quella campagna è infatti stata ottimizzata per quel costo, con quel pubblico. Aumentando il budget dell'ADS fareste soltanto un danno ai vostri affari. Potete invece duplicarla e, nel crearne una sua copia, aumentare il budget di questa nuova "versione".

2) Create delle CBO, ovvero delle campagne ottimizzate per il budget. Come fare? Semplicemente, se vi accorgete che una campagna sta andando bene, duplicatela per, ad esempio, 10 volte, e inserite degli obiettivi di budget. Questo vuol dire che, per esempio, creerò una campagna alla quale destinerò degli ipotetici 50€ di budget. Al suo interno ci saranno 10 gruppi di inserzioni, che non corrisponderanno a null'altro che, ad esempio, 10 pubblici diversi o look-a-

like. All'interno dei gruppi ci saranno le relative inserzioni. Facebook, impostando degli obiettivi di budget, effettua in autonomia dei test sulle singole inserzioni, magari puntando, per dire, 1€ su ognuna di loro. Nel tempo l'algoritmo stesso si accorge di quale va per la maggiore e, a quel punto, inizia a giocare del budget diretto (e più elevato) direttamente sulle inserzioni che spingono di più.

3) Sicuramente all'interno della vostra CBO sarete già in profitto. Come fare a far scalare ancora di più la campagna, quindi? Semplicemente duplicatela per intero. Una volta duplicata, eliminate l'inserzione che rendeva meno e duplicate per 10 volte quella che Facebook aveva già scelto come "vincente". In questo modo vi ritroverete con una campagna perfettamente ottimizzata.

4) Successivamente dovrete creare i pubblici personalizzati e di conseguenza anche i look-a-like per i singoli gruppi di utenti. Dunque andiamo a creare un pubblico personalizzato per chi visita Instagram, uno per chi ci segue su Facebook e così via. Questo perché se una campagna va bene vuol dire che abbiamo tra le mani un prodotto già potenzialmente vincente. È dunque il caso di lavorare sull'ottimizzazione per orientarci verso il grande pubblico. Create dunque delle nuove "ampolle" con dentro, per esempio, tutte le persone che hanno fatto checkout. Oppure addirittura con dentro quelle che hanno già acquistato. Dopo di che ci costruite sopra il look-a-like. Di conseguenza direte alle impostazioni di Facebook, per esempio, "creami un gruppo di 300k persone basandoti sulle persone che hanno già acquistato", e

così via. Potrete permettervi di lasciare un target più aperto e andare a colpire soltanto il potenziale pubblico già interessato agli acquisti.

ADS banale, ripresa da Arnold

Vediamo in modo pratico, come una campagna banale possa generare un fatturato elevato. Lo faccio giusto per farvi comprendere che, in effetti, se il Pixel è ben alimentato, non servono grandi cose per raggiungere risultati.

Vi metto davanti l'esempio della cover di Arnold, della quale abbiamo già parlato in passato. L'ADS che ho realizzato per questo prodotto è banale che più banale non si può:

Come vedete non ho utilizzato grafiche particolari, la SEO del post non è per nulla curata, ho inserito la URL dell'e-shop così com'era, senza celarla. La cosa che però ho fatto subito è stata andare a commentare con il mio profilo privato e scrivere che la mia cover era arrivata quel giorno stesso.

Molti non ci fanno caso, ma un'azione così semplice può tradursi in un aumento davvero esponenziale della conversione delle ADS. Ovviamente, se mai agirete in questo modo, ricordatevi di commentare con un profilo utente privato e di non lasciare il commento a nome della pagina stessa che utilizzate per vendere il prodotto.

I commenti sono importantissimi. Come potete voi stessi notare il post era andato virale, l'avevano condiviso in molti e in molti avevano anche iniziato a scherzarci su e farne dei meme, semplicemente perché il prodotto è divertente e fa sorridere:

Ken Lown Yea baby!

Like · Reply · Message · 1d

Wojtek Gidaszewski Inspiration is found everywhere

Like · Reply · Message · 1d

George Black i just made a pdf template with that picture, that you can just simply print out and put behind your transparent case, somebody interested? will send pdf

LG Idris

Like · Reply · Message · 21h

Alfredo Rolando Grosman I want to get the iPhone 11 just to sport this case!!

Like · Reply · Message · 23h

Sean Herriges The fbi, the cia, and the nsa

Like · Reply · Message · 1d

Il tasso di interazione è elevato anche nei commenti. Questo aumenta notevolmente la viralità in organico del vostro post. Perché sì, è una campagna, ma non dimenticatevi che si tratta pur sempre di un post. Motivo per cui l'algoritmo di Facebook "premia" le interazioni. Condivisioni, commenti, like, sono importantissimi soprattutto per far girare bene una campagna a basso costo.

Il target che ho selezionato è davvero banale, semplicissimo:

Ma vediamo insieme come mi sono mosso…

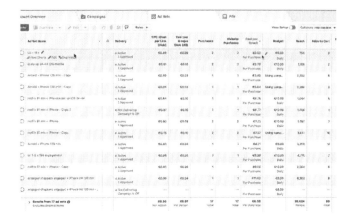

Sono partito prima di tutto dalla campagna, creata con i dati che trovate nel penultimo screenshot. Dopo di che, dalla sezione "Ads" (l'ultimo bottone della stringa in alto, nell'ultimo screenshot), ho creato varie ads per testarle. Sono partito con una prima campagna pubblicitaria impostando come obiettivo sempre quello del budget. Come vedete non ho sfruttato gli altri obiettivi perché non mi interessavano (es. l'engagement).

Ovviamente per fare le Ads avevo prima effettuato i miei test. Non è stato un lavoro complesso, anche perché il Pixel era già ben popolato grazie al lavoro di Influencer Marketing fatto in precedenza. Considerate che già dopo i primi 100/150 acquisti Facebook ha tutto ciò che gli serve per capire esattamente qual è il vostro pubblico target. Questo è un meccanismo che aiuta soprattutto voi, perché quando il Pixel è già rodato converte meglio ad un costo abbastanza ridotto.

Ho creato l'inserzione all'interno del gruppo inserzioni singolo, l'ho pubblicata, successivamente sono entrato nel gruppo inserzioni (esattamente la schermata evidenziata dall'ultimo screenshot) ed ho duplicato l'Ads principale, creando tutti i gruppi che vedete.

I costi per click come vedete sono inferiori di 1€, il che è perfetto perché se fossero stati più elevati per un prodotto così economico ci sarebbe stato qualcosa da rivedere. Come noterete dalla colonna "Cost per Result" il costo d'acquisto è abbastanza ridotto. È più basso nelle ADS in cima alla lista e leggermente più alto in quelle che stanno a fondo lista. Considerate che vendo il prodotto a circa 19€ e lo pago più o meno 3€. Di conseguenza il costo per acquisto delle ADS in cima alla lista mi consente un grosso margine di guadagno. Ovviamente, se dovessi decidere di duplicare qualcosa, duplicherei non le ultime inserzioni ma bensì quelle prime 3/4 presenti in cima.

Una cosa molto importante che dovreste fare è quella di scegliere, soprattutto in Dropshipping, prodotti potenzialmente virali. Questo perché, come noterete qui sotto:

Quando l'articolo è virale l'ADS lo diventa a sua volta e a costo zero, grazie alle interazioni degli utenti. Questo porta, oltre che ad avere pubblicità praticamente gratuita, anche ad incrementare le vendite.

Creative private label

Vediamo un esempio di campagna per un Private Label. Andiamo sulla pagina del brand:

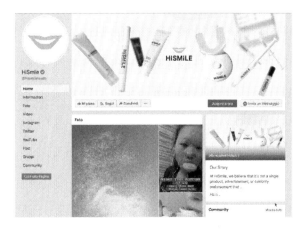

Vediamo, tra le loro inserzioni, quelle che stanno girando meglio:

Si tratta di inserzioni che stanno girando sia su Facebook che su Instagram, ma più in generale ovunque nel web. Aprendo un qualsiasi video ci rendiamo conto che, nella maggior parte dei casi, si tratta di pubblicità di una certa rilevanza, curatissime dal punto di vista grafico e soprattutto, il più delle volte, che sfruttano come "volti" alcuni tra i personaggi più influenti del web. Questo brand, giusto per citarne una, è sponsorizzato da Emrata, la celebre modella e Influencer. È stata pagata parecchio, ma la differenza che un volto del genere può fare a livello di introiti è inimmaginabile.

Ecco perché continuo a consigliarvi costantemente di sfruttare l'Influencer Marketing. Le personalità di spicco del web vanno pagate, è vero. Soprattutto se chiedete loro di poter utilizzare la loro immagine e vi fate realizzare un editing video su misura. Ma è anche vero che i contenuti prodotti vi serviranno due volte: la prima come fonte di guadagni a sé stante, la seconda come grafiche o come video da sfruttare all'interno delle vostre inserzioni a pagamento future.

Si tratta di spese che vengono ripagate sia nel breve che nel medio/lungo termine, soprattutto considerando il fatto che le grafiche e i contenuti raramente "scadono" e possono, anzi, essere sfruttati per anni e anni.

Start budget

Budget 0€

Come si parte? Come si investe? Come ci si muove?

Ci sono persone che hanno a disposizione un elevato budget e chi, invece, parte da budget zero. Analizziamo questi ultimi.

Partire con budget zero è difficile, ma non impossibile. Io, avendo iniziato con budget zero, ne sono la prova vivente.

"Budget zero" implica che dovete essere molto efficienti e lavorare sodo. Soprattutto all'inizio, perché non avrete, per esempio, i soldi necessari per l'abbonamento Shopify. Vi ricordo infatti che una volta inserita la vostra carta su Shopify, il gestionale vi da solo 14 giorni di prova gratuita. In quelle due settimane occorre assolutamente riuscire a chiudere le prime vendite. Dunque, aprite il vostro negozio

Shopify solo quando avrete tutto pronto (grafica, prodotti, Influencer contattati, ecc.).

I risultati non cascano dal cielo; io lavoravo almeno 15 ore al giorno e dovrete farlo anche voi.

Quindi: 1. realizzate il prodotto con un programma di grafica; 2. contattate il fornitore; 3. partite con l'abbonamento in prova di Shopify; 3. create lo store (potreste metterci anche solo 2/3h a crearlo, se mono prodotto); 4. partite in prova.

Successivamente: 5. fate partire gli Influencer, dal 2° o 3° giorno. Accordatevi con tutti affinché inseriscano gli swipe up diretti al sito. Ovviamente più influencers avete, meglio è.

Se vedete che non convertite entro 10/12 giorni, andate nelle impostazioni, chiudete lo shop e ricominciate da capo. Potete anche ricominciare con lo stesso prodotto, nulla di sbagliato. Spesso l'ho fatto anch'io.

Importantissimo: impostate il Pixel e i dati di tracciamento di Facebook all'interno del sito Shopify e poi, quando riaprite l'e-commerce (anche rifacendolo uguale identico al precedente) re-inserite lo stesso codice. Così intanto incanalate comunque dati.

Partire con un budget a zero è così ragazzi. È veramente molto complicato. Una cosa che sconsiglio ma che vi dico comunque (e che ho fatto personalmente) è quella di fare recensioni del prodotto che vendete sui vari gruppi.

Vi faccio un esempio: avevo aperto uno store di vendita di prodotti per bambini, quindi rivolti alle mamme. Mi sono iscritto ai gruppi con un profilo non mio e facevo la recensione del prodotto scrivendo del tipo: "Oddio, a me ha risolto un sacco di cose questo prodotto, ragazze. Lo trovate qui!".

È un'operazione utile ma che non deve essere

fatta in modo invasivo. Bensì in modo leggero, per non farsi bannare.

Iscrivetevi ai gruppi della vostra nicchia, mettete la recensione del prodotto, mettete qualche foto (se la trovate) e pubblicizzatevi così. Ad esempio, i gruppi delle mamme sono tantissimi. Attualmente è una pratica che sconsiglio perché la pubblicità di questo tipo è andata morendo, ma si tratta pur sempre di una strategia che ho attuato in passato è che ha funzionato, soprattutto per le prime vendite.

Budget 0€ - 100€

Cosa fare se abbiamo 100€ di budget?

Una cosa che voglio dirvi (anche a livello mindset) è quella di abituarvi all'idea di perdere soldi. E di farlo, tra l'altro, il prima possibile.

Io negli anni ne ho persi veramente tanti. Non è questione di investire 100€ e aspettare che ne ritornino 300.

Non è una questione di trading online, Forex o Piña Colada sulla spiaggia e guardo le stelle! :D
Non esistono le favole.

Voi state intraprendendo un percorso imprenditoriale e ci sono comunque dei rischi. Non è detto che investendo vi ritorni tutto indietro come un boomerang. Non funziona così.

• All'interno dell'e-commerce (in Dropshipping,

private label o di altro tipo) con base 100€, sicuramente una delle prime spese iniziali da fare è l'abbonamento Shopify. Quando vi iscrivete a Shopify vi consiglio di puntare sul prodotto, fare le grafiche, contattare già gli Influencer e, successivamente, quando avete già una struttura (Influencer che vi hanno risposto, collaborazioni in trattativa) allora aprite lo shop. Apritelo molto velocemente e prendete l'abbonamento da un mese. Abbonamento da 25€ circa + 14 giorni di prova gratuita. Questo vi da TANTISSIMO tempo per incominciare a lavorare e darci dentro veramente forte.

• Il dominio sicuramente è un altro investimento. Non comprate direttamente il dominio su Shopify, fatelo su GoDaddy per esempio, dove costano veramente poco (si parla di 0,90/2,00€ al massimo). Ricordatevi di non prendere mai domini **.store, .ru, .eu** e via di seguito. Trovate SEMPRE un dominio

[dot]com. Vi garantirà tutta un'altra credibilità.

- Tolte queste prime spese vi avanzerà sicuramente del budget. Una cosa che sicuramente vi consiglio, come ultimo investimento, è di contattare pagine di nicchia giovani (puntando ovviamente, di conseguenza, sulla vendita di un prodotto per giovani) da 100/300k. Vi consiglio soprattutto le pagine della nicchia Meme, perché vi costano poco e vi fanno le storie per pubblicizzarvi anche a 10/20€.

Incominciate a contattarli e vi fate condividere le grafiche con lo swipe up diretto al sito.

E sicuramente così, già da subito, potete rendervi conto di come va il prodotto. Se converte, se ci sono aggiunte al carrello, quanto traffico arriva, se dovete cambiare qualcosa nel design e così via.

Questo per quanto riguarda un budget a 100€. Non potete fare grandi investimenti. Una volta che avete fatto l'abbonamento Shopify, avete preso il dominio e avete fatto pubblicità su 3 o 4 pagine alla fine avrete speso 70€.

Con i 30€ rimanenti potete cambiare store, cambiare prodotto e provare a metterne in test un altro, sfruttando per la pubblicità altre pagine.

Budget 1000€ - 10.000€

Parleremo adesso di e-commerce a budget da 1000 a 10.000 euro o anche di più.

In molti mi dicono: "Guarda, ho 5/7k euro di budget, come posso investirli? Come posso crearmi un brand?"

Sappiate che avere molto budget non vuol dire che siete più avvantaggiati di chi non ne ha.

Infatti, quando sei inesperto o agli inizi, non hai fatto pratica e non sei da abbastanza tempo sul campo. Ti manca esperienza e puoi commettere errori imperdonabili.

Con questi budget però sicuramente si può già iniziare a fare le cose in grande. Ecco come:

• Abbonamento a Shopify: sicuramente quello di importo minore, da 25€ al mese

• Dominio: sicuramente un dominio .com

•Una cosa che farei ad un budget di almeno 500€ è quella di comprare una pagina Instagram da almeno 100/200k follower. Così facendo, se il prodotto non dovesse andare, potete conservare la pagina cambiando username e immagine del profilo e usarla per un altro brand.

Mi è capitato in passato di fare test su 9 prodotti con una sola pagina, giusto per dire.

Testavo, cancellavo tutto, archiviavo i post, rimettevo il logo, rifacevo il brand e testavo da capo. Fino a quando non trovavo il prodotto che mi consentiva di monetizzare come volevo.

• Investirei certamente 100/200€ in ads. Sempre e solo campagne con obiettivo traffico. 10 gruppi di inserzioni diversi con 3 grafiche, all'interno di ognuno, diverse. Per ognuno di questi gruppi spenderei più o meno 10€ al giorno. Lo farei almeno per 3 giorni, per vedere come va.

• Contatterei le pagine che costano poco. Quelle di meme, ad esempio. Guardate anche alla qualità dei follower. Una ragazza che si occupa di moda con 200k follower vi costerà sicuramente di più rispetto a una ragazza, sempre con 200k follower, ma che ha un pubblico scadente e pubblica soltanto foto da seminuda. Contatterei queste ragazze (calcolate che a una ragazza da 200k potete dare al massimo 30/40€ per una storia…tenete bene a mente questi prezzi). Per una ragazza da 500/700k follower, trattando il prezzo, potreste arrivare a 150€.

Per una ragazza/o da 1mil o 1.5mil di follower arrivate a 300€ o massimo 400€. (Attenzione: prima di stringere la collaborazione fatevi inviare i dati gli screenshot degli insight degli ultimi giorni di attività del profilo. Se una ragazza ha 200k follower e ha 60k impression non va bene, ne deve avere di più. Un profilo da 1milione deve avere un minimo di 7/8 milioni di impression settimanali. Se vedete dati poco concreti scartate, passate al prossimo.)

• Una strategia molto importante alla quale penserei è quella di scegliere un prodotto che costi poco. Il fatto che costi poco non è sinonimo di qualità bassa. Io ho fatto 70/80k euro con una t-shirt, la pagavo 2€ con tutta la spedizione e la rivendevo a 84€. Questo cosa mi ha permesso di fare? Mi ha permesso di prendere uno stock (tipo 100 magliette a 200€) e avere quindi un magazzino che, anche se fosse andata male, mi ero fatto con appena 200€. E comunque ero sicuro che le magliette le avrei vendute, perché comunque le pubblicizzavo. Al massimo, se fossero andate male, le avrei scontate e ci avrei guadagnato poco.

Quindi fate questo tipo di investimento su un prodotto che costa poco. Perché se scegliete un prodotto che inizialmente costa 10/20€ è più complicato e rischioso fare stock. Il cinese non ve lo dà proprio e neanche ve lo brandizza. Invece per una maglietta, su 200 pezzi, almeno il logo ve lo mette.

Questo è l'investimento che farei con un budget elevato. Non testerei Google ADS, Google shopping e compagnia bella, ma partirei dal basso, semplicemente facendo quello che vi ho appena spiegato.

Vincere dispute

Paypal

Personalmente non lo utilizzo; lo sfrutto unicamente per uno store che è ormai avviato da tempo. Ho i miei stock di magazzino interno, le spedizioni sono rapide (24/48h, massimo 4 giorni in tutto il mondo) quindi me lo concedo perché so con certezza che sono tranquillo e che non avrò dispute.

Molti di voi penseranno "eh, ma Paypal ti converte di più, serve assolutamente". Sì, avreste ragione. Però Paypal di base tutela il consumatore finale ma tutela ben poco il venditore, in caso di dispute.

In alcuni casi il consumatore finale ci va anche a guadagnare perché neanche rispedisce il prodotto indietro. Viene rimborsato per intero e non ha l'obbligo di restituzione della merce. Il venditore, invece, ci perde.

Come vincere quindi su Paypal?

Innanzi tutto poniamoci una domanda cruciale: QUANDO ci capiterà di ricevere una disputa?

La disputa, in Dropshipping, capita soprattutto a causa delle lunghe attese nelle spedizioni. Quindi un cliente va nel vostro store, fa l'acquisto, aspetta una settimana e se ancora non ha il pacco, semplicemente, va all'interno di Paypal e chiede un rimborso. Di solito i consumatori finali vincono le dispute al 99%. Io non ne ho mai persa UNA. Perché? Per una questione strategica.

Vi consiglio quindi innanzi tutto, nei termini e condizioni del vostro sito, di tenervi larghi. Soprattutto per quanto riguarda i tempi di spedizione.

Quindi datevi margini ampi: inserite sempre dei tempi abbastanza lunghi. Qualcosa come 20 giorni o anche più. L'importante è che sia tutto scritto, nero su bianco. OVVIAMENTE vi consiglio di inserire dei tempi di spedizione indicativi anche all'interno della descrizione prodotto. Una volta che un cliente vi aprirà una disputa, vi basterà sfruttare servizi online come quello offerto da sito Canva e creare un file in pdf.

Come? Eccovelo spiegato:

- ⏵ Aprite quello che su Canva si chiama "poster". Duplicate le prime pagine del documento e fate 1) gli screen dei vostri termini e condizioni, 2) gli screen dell'acquisto della persona (con la data di quando ha acquistato) e 3) lo screen di quando ha fatto la richiesta di rimborso.

- ⏵ Tutti questi screenshot li inserite all'interno delle pagine vuote del vostro poster Canva. Quindi: per una pagina fate lo screen di termini e condizioni, per la seconda fate lo screen dell'acquisto della persona, per la terza fate lo screen della data di rimborso. Appena avete finito, salvate il file.

Su Paypal conta tantissimo questa cosa. Salvate il file in PDF e quando andrete a inviare il documento, l'assistenza clienti potrà aprire il PDF con dentro già tutto ciò di cui ha bisogno, in modo dettagliato. Nella maggioranza dei casi Paypal vi darà ragione. Ovviamente se avete scritto nei termini e condizioni 20gg e ne sono passati 30 la disputa la perdete, è ovvio. Ma questo non deve comunque accadere, anzi. Vi suggerisco, se siete in torto e sapete di essere in torto, di mandare subito il rimborso senza tentare di risolvere diversamente.

Questo perché? Perché Paypal dà molta, molta importanza alla vostra storia. Se cominciate a ricevere tot dispute e ne perdete un po', comincerete ad avviarvi verso il rischio di ban totale da Paypal. Occhio, perché se avvenisse una cosa del genere non riuscirete ad aprire con facilità un altro account.

È veramente rischioso. Tenete sempre buoni rapporti con le piattaforme di pagamento. Questa cosa vale anche per Stripe.

Dropshipping con Influencer marketing
Da 0 store a prodotto in trend

Ho notato uno shop di un dropshipper. Visto che gli sta andando abbastanza bene ho deciso di copiargli lo store, utilizzando lo stesso prodotto virale, che attualmente è in trend, ma rifacendolo totalmente da zero.

"In trend" è una cosa che mi permetto di dire semplicemente perché ho fatto le mie analisi, andando su Google per cercare di capire se ci sono altri siti che lo trattano.

Il sito dal quale sto prendendo riferimento è veramente molto povero e, secondo me, anche se sta andando bene, si sta perdendo un sacco di potenziali clienti. Lo voglio rifare fatto bene, magari con un tema migliore.

Questo anche per dimostrarvi che per vendere in Dropshipping/fare un sito in Dropshipping e lanciarlo ci vuole veramente, veramente poco. Dalla ricerca mi accorgo che questo prodotto non lo stanno vendendo in molti. Vi faccio vedere l'esempio di uno dei tanti store fatti veramente malissimo:

Mi salvo comunque le immagini perché mi piacciono. Quando non riesco a salvarle facendoci sopra click col tasto destro mi basta ispezionare il codice sorgente della pagina e trovare le URL relative o, in alternativa, farne uno screenshot (se sono grandi a sufficienza da permetterlo).

Dunque, come prima cosa, iniziamo con lo shop.

Da "Online Store" -> "Temi" della mia
homepage Shopify clicco su "Upload
Theme/Carica tema" e, dalla finestra pop up
che vedete qui sopra, clicco su "Scegli file".
Uso dei temi che ho creato io (e che posso
vendervi), ma ne parliamo meglio in un capitolo
dedicato. Per questo sito userò il Turbo, che di
solito vende veramente bene. Lo seleziono
così:

E scelgo l'ultima versione:

Clicco su "Scegli" e poi su "Upload". Una volta caricato il tema, controllo l'anteprima dello store. Faccio tutto step-by-step con voi. Ovviamente passaggi come quello di acquistare il dominio o metterci la carta per i pagamenti sono già stati fatti perché sono davvero molto semplici.

Se il tema non mi piace e dall'anteprima non mi convince, semplicemente lo cambio e ne utilizzo un altro.

Ad ogni modo, il tema turbo è uno dei miei preferiti. Una volta caricato, clicchiamo su

"Customize":

Questa è l'interfaccia "tipo" che dovremmo trovarci davanti:

Ovviamente lo andremo a stravolgere, inserendo il logo e tutto il resto del nostro materiale.

In "Header" inseriamo un numero di telefono fittizio. Basterà copiare e incollare nella stringa dedicata il numero predefinito indicato subito sotto (1-8-555-5555).

Cliccando sull'icona dell'occhio di fianco alle singole sezioni del tema, mostrate nella sidebar di sinistra, attivo o disattivo gli elementi grafici della pagina. Trascinandoli con il puntatore del mouse invece ne cambio la posizione.

Disattivo tutte le prime voci fino a "Slideshow", inclusa. Dopo di che, vado a inserire le immagini e le descrizioni, le copio per intero dall'altro sito che mi era piaciuto all'inizio.

Come vedete dalla barra di sinistra, ogni singolo elemento può essere aperto ed editato nel dettaglio. Da "Change" aggiungo l'immagine, aprendo l'esplora risorse e selezionandola, mentre dalle altre voci vado a inserirmi tutto quello che mi serve, come il nome del prodotto e la sua descrizione (il primo andrà in "Heading" e la seconda in "Text". In "Button label" e "Buttom link" potrei inserire rispettivamente un "Buy now" e il link del prodotto, in modo da rendere funzionante il pulsante. Aggiungo poi tutto il resto, selezionando altre immagini da Aliexpress (delle quali faccio uno screenshot, perché il sito non me le fa salvare) e faccio la stessa cosa di prima con il testo e il bottone. Il risultato finale dovrebbe essere più o meno questo:

Aggiungo allo store Shopify la app di Oberlo per fare l'importazione del prodotto, come vi ho già spiegato in passato.

Dopo di che mi vado a copiare la descrizione prodotto che più mi convince online, sempre traendola da uno dei vari e-commerce trovati in rete che vendono lo stesso prodotto. Questa, per esempio, mi piace:

La incollo così com'è, per intero, nel mio editor di testo Oberlo e creo la mia pagina prodotto:

Da "Products"-"All Products" prendo la mia lista

prodotti e clicco sull'anteprima di ognuno di essi per selezionarmi l'immagine di copertina che preferisco, in questo modo:

Scelgo quella che mi piace di più e clicco su "Done". Lo store inizia a prendere forma.

Creo la pagina da mettere sotto, e come vedete anche la SEO (visibile in basso) viene generata tutta in automatico:

Creiamo ora le pagine legali del nostro sito (come spiegato qualche capitolo fa) e andiamole ad aggiungere nel nostro footer menù.

A questo punto terminiamo il lavoro aggiungendo anche le recensioni, che come già detto in passato sono importantissime. Abbiamo installato Loox anche su questo e-shop, quindi andiamo nella pagina prodotto, scendiamo in fondo e aggiungiamo le recensioni come abbiamo già visto nelle lezioni precedenti.

Sfruttiamo le recensioni di Aliexpress a nostro

favore. Apriamo sul sito un prodotto uguale al nostro e scendiamo in basso per leggere le recensioni dei vari clienti. "Rubiamo" le foto migliori salvandole con lo strumento cattura schermo o scaricandole tra i download e copiamo anche le recensioni più belle per poterle sfruttare così come sono, incollandole con un semplice copy&paste.

Ovviamente all'interno delle recensioni lasciamo nomi e indirizzi email fittizi. Come vedete, vado a caccia di recensioni direttamente su Aliexpress, senza problemi:

Una volta aggiunte le prime recensioni, a fondo pagina ci ritroveremo una cosa di questo tipo:

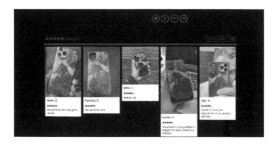

Ritorniamo adesso all'interno dello shop, dalla nostra home Shopify, e vediamo di inserire le stesse recensioni anche all'interno della homepage del sito (ricordandoci che, attualmente, le abbiamo soltanto all'intero della pagina prodotto). Premiamo su "Customize":

Clicco su "add section":

E poi su "LOOX"-> "All reviews – grid". Ed infine, su "ADD":

Mi apparirà un menù del genere, seguo i passaggi indicati:

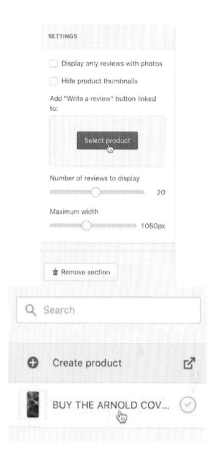

Salvo tutto ed esco dall'editor.

Ritorno in "Apps" dalla home Shopify ed entro nei Settings di LOOX perché voglio cambiare il colore delle stelle presenti nelle recensioni.

Vado su Canva, seleziono dalla tavolozza un giallo (o altro colore) che mi piace e copio il codice esadecimale (# seguito da 6 cifre alfanumeriche). Così:

Dal menù di sinistra delle impostazioni di Loox seleziono "Display Reviews" e in "Appearance" e "Stars color" inserisco la stringa appena copiata, così:

Salvo e controllo l'anteprima del sito. A questo punto, le recensioni saranno così:

Dalla stessa schermata di prima vado a modificare anche i colori del titolo:

Inserisco #FFFFFF, che è l'esadecimale del bianco.

Torno allo shop. Clicco su "Navigation" e vado ad editare il Footer menù:

Elimino la barra di ricerca:

Cerco adesso di togliere da fondo pagina le scritte "Menu Title" e "Title":

Dalla home di Shopify vado quindi su "Online Store", "Themes" e infine "Customize", come abbiamo già fatto in passato. Clicco su "Footer" e rimuovo sia la sezione "Menu", che la sezione "Title", così:

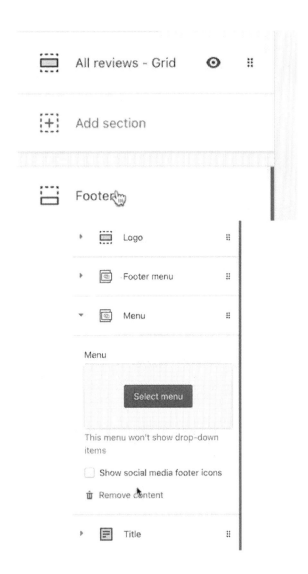

Un'altra cosa che faccio è togliere il "Powered by Shopify" che troviamo a fondo pagina. E' l'unica cosa leggermente meno intuitiva da fare.

Vado sul mio tema, clicco su "Actions" e poi su
"Edit code":

Nella barra di ricerca vado a cercarmi il footer:

Seleziono "footer.liquid" e, all'interno del
codice, ricerco la scritta "Powered by link":

```
{% endif %}
{% endfor %}

<div class="sixteen columns row footer_credits">
    <p class="credits">
        &copy; {{ "now" | date: "%Y" }} {{ shop.name | link_to: '/' }}.
        {{ section.settings.copyright_text }}
        {% if section.settings.display_designed_by %}
            {{ 'layout.general.designer_credits_html' | t }}
        {% endif %}
        {{ powered_by_link | split: "" | join: 'href=out-of-the-sandbox" ' | split: '">' | join: '?ref
    </p>

    {% if section.settings.display_payment_methods %}
        <div class="payment_methods">
            {% for type in shop.enabled_payment_types %}
                {{ type | payment_type_svg_tag: class:'payment-icon' }}
            {% endfor %}
        </div>
    {% endif %}
```

La seleziono e la elimino, senza rimuovere le parentesi che la contengono.

Salvo tutto.

Dopo di che vado sul sito, apro la pagina prodotto e mi ricopio la URL. La vado ad inserire nei pulsanti interni alla grafica, che avevamo già editato in precedenza ma ai quali mancava proprio il link.

In questo modo:

Faccio lo stesso per entrambe le caselle:

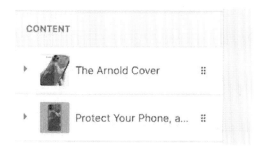

Salvo ed esco.

Generiamo ordini

Parliamo adesso delle campagne.

Quello che voglio è che il Pixel inizi ad alimentarsi, e dunque che inizi a prendere i dati delle persone e ottimizzi le campagne.

Voglio farvi vedere qualche esempio pratico. Come noterete dal secondo post, ho fatto postare a questa pagina il mio prodotto, per pubblicizzarlo. Oltre al post, ho fatto inserire il link in bio:

Considerate che io non ho ancora una pagina Instagram per questo prodotto. Ho semplicemente il sito e una pagina Facebook. La questione è che questo utente possiede anche altre pagine, come ad esempio questa:

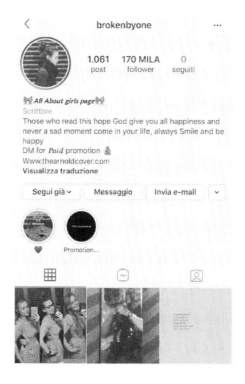

Come vedete c'è dentro lo stesso post e lo stesso link, inserito in bio. Questa è una cosa fondamentale.

I commenti che vengono lasciati promettono
bene, gli utenti si divertono e fanno share:

Il post è stato inserito 4 ore prima che iniziassi
a parlarvene e i risultati sono già questi:

isitatori

7

adesso

Vendite totali

279,58 USD

14 ordini

Visualizza dashboard

60

40

20

0

4 AM   8 AM   12 PM   4 PM   8 PM

16 ordini da evadere   >

Dallo shout out ad adesso ho già ricevuto 14 ordini, per un totale di 280$. Lo shout out l'ho pagato 100$. L'importante però non è quanto guadagnate subito: basta arrivare a pareggiare entrate ed uscire. La cosa essenziale è invece che questi shout out vi portino visite a sufficienza da farvi entrare ordini nel medio periodo, in modo tale che possiate poi investire in ads. Questo metodo è molto più efficace rispetto al partire direttamente con gli ADS e "sporcare" le statistiche di Pixel.

Faccio dunque un altro tentativo ma stavolta spendo 40$. Il risultato, dopo 48h e dopo un totale di 140$ spesi in pubblicità, è di quasi 600$ totali di ordini:

Questo soltanto per farvi capire che non è obbligatorio iniziare con le Ads! Anzi. Gli shout out funzionano meravigliosamente. Potreste utilizzarli anche per un mese e più, perché ne uscireste comunque in profitto.

Vi consentono di fare grossi numeri e poi, ovviamente, di spostarvi su un Pixel che con dei dati già inseriti all'interno girerà ancora meglio.

Conclusione

Abbiamo visto come utilizzare il Dropshipping per vendere dei prodotti senza possederli direttamente e generare profitto creando un vero e proprio business.

Abbiamo constatato che non occorre necessariamente comprare grossi stock e fare grossi investimenti per iniziare questa redditizia attività di e-commerce. Il mio primo store online è stato creato con 24€ e ha poi portato a generare numeri a 6 cifre.

Non occorre nemmeno essere in possesso di un titolo di studio, di codifiche, di esperienze tecniche o commerciali. La cosa fantastica di questo business è che chiunque può arrivare al successo partendo da zero. Certo, bisogna impegnarsi, nulla cade dal cielo. Bisogna essere persistenti, motivati ed informati per svolgere le attività nel modo corretto.

A questo punto dovreste essere in grado di creare il vostro store Shopify, aggiungere prodotti al suo interno ed iniziare a vendere sfruttando tutte le tecniche e le strategie che vi ho svelato.

Dunque non mi resta che dirvi…

Buona fortuna e buon lucro a tutti!

Luca Valori

Printed in Great Britain
by Amazon

56141962R00221